べてるな人びと

第5集

神さまへの嘆願書

向谷地生良

Ikuyoshi Mukaiyachi

一麦出版社

装釘　須田　照生
装画　佐野繁次郎
「モナリザ」
（一九六二年、第一六回二紀展、油彩・カンヴァス）
神奈川県立近代美術館所蔵

べてるな人びと 第5集 ＊目次

本文イラスト　鈴木裕子《すずきゆうこ》

第1章　当事者研究の発展……23

1「いま、頭をかかえています」　25

・精神障がいをかかえる親のもとで育った子どもたち　25

・孤立せず、困った時には相談すること　26

「いま、頭をかかえています!」というA君と夜に直接、電話で話す機会があった。困りごとの内容を聴きながら、私はA君に〝悩み方が上手いね〟と言った。

・人を大事にしていく仕組みづくり　28

「いいぞ。みんなよい苦労をしているね。本当によく生きているよ。すごいね。みんなの父さん、母さんはこの相談ができなかったんだよ。順調だよ」と言い続けてきたべてるの伝統が、A君や妹の中にちゃんと受け継がれ、息づいているのを感じた時、私は嬉しかった。

2　当事者研究の研究(一)　30

・当事者研究のポイント　30

「当事者研究の研究」つまり、「当事者研究とは何か」を研究することである。当事者研究のポイントは、日常生活から研究素材を得ることにある。

・「経験の有意味性の循環」と「生きやすさの循環」　31

当事者研究は、「失敗、行きづまり大歓迎」をキャッチフレーズに、幻聴さんに振り回された苦労、自傷が止まらない苦労などの名うての〝研究者〟からの投稿が寄せられ、多くの研究実績が積みあがるにつれて、当事者研究という取り組みに通底した〝ツボ〟が見えてくる。

・「今を生きる仲間」 33

3 支援者のリカバリー 35
・〝身体に感じにくい地殻変動〟 35
直感的な「この経験が大切な何かにつながる」という〝研究的な関心〟が、自己否定の壁を乗り越える大切なエネルギー源となった。その直感は、今、実感している地殻変動に対する〝予知〟でもあったような気がする。
・統合失調症研究の〝行き詰まり〟状態 37
統合失調症を、当事者自身の自己選択を超えて「そうしなければ患者は生きて行きにくい」という一つの〝生命現象〟として理解しようとする立場は、当事者研究を重ねてきた私たちの実感と符合する。
・人々がどう支え合い、生き合えるか 39
時代は、大きく変わりつつある。それを象徴する言葉がある。浦河で長年、べてるとともに精神科医として歩んでこられた川村敏明先生のつぶやきである。「病気の人への治療や支援は、わかった。これからは〝健常者支援〟だな」。

4 新たな時代の到来 41
・学術研究の一分野としての当事者研究 41
当事者研究は、二〇〇一年、統合失調症を抱える青年との関わりの中で、「どうしていいか判らないけど、一緒に研究しようか」というお互いの無力さからはじまった自助の活動である。はじまった当初は、べてるまつりを盛り上げる余興の一つであり、一種の〝パロディー〟であった。
・自由自在な研究スタイル 42

・当事者研究の可能性　44

当事者研究は、「勉強しない」「教えない」ことを大切に、語りや研究発表などを通じた経験の分かち合いと情報交換、情報提供を重視し、「まずやってみる」ことを奨励している。その他にも、当事者研究のすすめ方は、いわゆるべてる式の「ワイガヤスタイル」から「言いっぱなし、聴きっぱなしスタイル」や依存症の領域で用いられているスタイルなど、その場の伝統に基づいたすすめ方が混在しているのもユニークである。

5　当事者研究の研究(二)　46

・研究データの蓄積　46

べてるも当事者研究の広がりと、当事者研究そのものの構成（はじめ方、まとめ方、続け方）を明らかにするために研究データの収集と分析を続けている。その結果、現在、全国に四十か所を超える当事者研究の拠点が生まれ、地域ごとの緩やかな当事者研究ネットワークも北海道、関東、中部、関西に立ち上がり、全国的な交流が生まれつつある。

・臨床の知　47

・仲間の力　49

統合失調症などを生き抜いた人たちの「知」があらたな学問を生み出し、人々をつなげる触媒として用いられ、特に先端研は、既存の科学と当事者や市民の連携による新たな「知の創出」をはかる学際的研究の拠点として各方面から期待されている。

6　階下の心霊現象　52

・S子さんとのメール当事者研究　52

階下が私に揺さぶりをどうやって、どんな方法でかけてくるのか、主治医はただの幻覚とあまり相手にし

てくれません。

・実験を重ねる　53
・体感幻覚さんの紙芝居　56
S子さんは実験を重ね、ついに発見したのである。「揺れてると感じた時に、震源地らしき所にペットボトルを置き、ボトルの水が動かなければ、私の体感幻覚だって知ることができて納得です」。

7「僕、疲れやすいんです」　58
・「当事者研究のガイドライン」　58
・〝いがぐり頭〟の青年　59
時間を持て余すと〝暇疲れ〟状態になっちゃうというデータがあるんですよ。それと、〝お人良し〟状態で、何でも受け身で、いい人やっていると疲れて固まるっていう研究もあるんですよ。
・人前が苦手で、疲れやすい人ほど〝出たがり〟　61
この集会を通じて私と青年には、大きな発見があった。それは「人に用いられることで疲れが消える」という〝世紀の大発見〟だった。

8「精神科医」の当事者研究　65
・「私のやっていることは役に立っているのか？」　65
・自らの専門性を問い直す共通の「問い」　67

ピアサポーターを続けながら当事者研究をしている鈴木さとみさんに「あなたにとって当事者研究とは」と聞いてみた。彼女から返ってきたのが「自分の言葉をつかまえること」だった。

・「弱さの情報公開」と新しい協同　69

「死ね死ね幻聴」さんのことを仲間に相談したら、さっそく実験をしたら、「幻聴さんとは、喧嘩しないほうがいい、おもてなしが大切」とアドバイスをもらい、さっそく実験をしたら、「紅茶」にはものすごい拒絶反応を示した幻聴さんが、「緑茶」が効いて落ち着いたというのである。

第2章　当事者研究の人びと

……71

1　苦労のシンクロ（同期）現象　73

・〝苦労の先取り〟と〝弱さの情報公開〟　73

「罵声現象」とは、周りに居る人との他愛のない会話や話し言葉が、まるで「罵声」を浴びせられているような圧迫感をもって伝わる現象で、それが〝いじめ〟ともなって感じられることがある。

・苦労のデータ取り　75

Yさんから「みんなに罵声を浴びせられて困っています」と相談された。「Yさん、またとない機会なので、どんな人の罵声がどんなタイミングで起こるのか、自分の体調や苦労とも合わせてデータ取りをしてみたら面白いかも！」。

・「和解」というテーマ　77

潔さんは、四十回の入退院に象徴されるように、ちょっとしたストレスで爆発し、衰弱をくり返した。一番難しかったのが、お願い事や、普段の何気ない会話に〝魔球〟を投げ返してくることだった。

2 けんさんの洗礼 80

・下請け作業　引き揚げ事件 80

滑舌の悪さと気の短さで有名な石井さんに対して、電話に出た工場長は「昼間っから酔っぱらって電話をかけてくるな！」と怒り、口論となった。そこで言われたのが「仕事を引き揚げる！」という一言であった。

・「お墓」の問題 82

洗礼式は十一月九日の聖日に教会員やべてるの仲間の見守る中で執り行われた。床に寝ころび、独り言をつぶやき、出席者にとりとめなく話しかけ、牧師の説教もほとんど耳に入っていないかのように見える石井さんは、懲りもせず、毎週のように日曜日の礼拝に顔をだす。

3 再び、「人間って温かいんだね」 85

・A子さんが呟いた言葉 85

べてるの女性メンバーが住んでいるグループホーム「レインボーハウス」に宿泊し、べてるの仕事場を見学する矢先に、緊張から〝解離〟を起こしながらも、仲間と共に食卓を囲み、フラフラになりながら帰る車中でA子さんが呟いた言葉……。

・意外な展開を辿った〝盗聴事件〟 86

・五年ぶりの再会 89

私はクリニックのデイケアでA子さんと五年ぶりに再会をはたすことができた。私の顔を見るなり「わぁ、どうしよう！」と大声で恥ずかしがる彼女の手には、再会を準備して綴った手紙が握られていた。

4 苦労のルーツを探す旅 91

・A子さんの苦しみ　91
「当直明けで睡眠中　看護婦母子が焼死」と黒く縁どりされた大きな文字の下には、焼け落ちた住宅の写真と一人の女性の顔写真が掲載されていた。〝ママ〟であった。そして、記事の中には「一歳女児、助かる」という見出しも掲載されていた。A子さんであった。

・彼女自身の〝再生の旅〟　93

・最も辛く、かつ懐かしい〝苦労への旅〟　94
彼女は、あの炎の中から這い出したように逞しく生き抜き、最も辛く、かつ懐かしい〝苦労への旅〟を完走することができた。

5　生命の水脈　97

・苦労の見極め　97
〝病気さん〟って賢いね。ちょっと、思いついたんだけど、坂本九の〝上を向いて歩こう〟っていう歌あるよね。〝涙がこぼれないように……〟という歌、あれは〝眼球挙上〟の歌かもしれないね。

・携帯を持たない生活実験　99
携帯電話というのは、実は人によっては人間が本来持っている人と人との境界を曖昧にし、必要以上に負荷を与えているのではないか。

・社会全体のつながりの希薄さ　101
亀井さんは、悪口を言ってくる幻聴さんが、実は、自分の気分や思考とつながっていることに気づき、〝ほめほめ日記〟をつけて、ニヤッと笑って眠ると次第に幻聴さんの言動が柔らかく、聴きやすくなることを発見した。

6　無視、陰口現象　103

・気分と体調を合わせた自己紹介　103

しばし沈黙したBさんは、明らかに苛立っていた。表情はこわばり、少し肩も小刻みに揺れている。そうすると、意を決したようにBさんは声を張り上げた。「みんないい加減にしてくださいよ！　何で僕を無視するんですか！　陰口を言ったり、無視したり……」。

・Bさんの当事者研究　105

・当事者研究をかねた実験　109

「……今日の実験結果は、自分の誤解、思い込みだったことがわかりました。私のことを話していませんでした。実験は何回か続けようと思います。もう少し、死ななくてもいいかな、と思いたいです」。

7　良性の声　110

・換気扇の声　110

私の声がついにY子さんの家の換気扇にまで届いたのだ。あれほどY子さんに襲いかかっていた換気扇の声が、弱気になり、私の声を気にするようになったのである。

・特別な治療法　112

……この研究結果は、ほぼ一〇〇パーセント、必要な時に必要な薬物治療を受けられる経済力のある先進国よりも、貧しさのために十五パーセントしか薬物治療を受けられない途上国の方が回復率が高いという現状を説明する有力な根拠となりうるような気がする。

・幻聴や妄想の内容の規定　113

当事者研究のもつ世界観や独特の状況把握のしかたの中に、統合失調症をもった人たちの抱える固有の生

きにくさを生きやすさに変える大切なヒントがあるような気がした。

8　こどく島移住作戦　115

多飲水は、統合失調症をかかえる一割ほどの人に起きる現象で、文字どおり、水を強迫的に飲むことで起きる身体の生理的なアンバランスで、特に血液が薄まることで「低ナトリウム血症」に陥り、時には生命的な危機を招くこともある。その意味でも、あまり身体の心配はいらない精神科の病気の中では、一番現場を悩ませてきた症状の一つである。

太一さんのウラチューは、周りの人に叱られたり、注意されたりすると逆効果で、ますます増強し、余計に水を飲まざるをえなくなること。そして、ウラチューを誉めたり、前向きな声掛けをすると、太一さんを誉める〝ウラチュー2号〟が現れ、育ち始めるという面白い現象が起きる。

「皆さん、今日は、ずっと孤独な生活をしてきた太一さんの無人島に〝こどく島〟という名前が付きました。私は今度、その島に行ってみたくなりました。太一さん、お邪魔していいですか?」。すると太一さんは、嬉しそうに「いいですよ」と言った。

9　けんさんの旅立ち　121

六月五日のことだった。早朝に、べてるのスタッフから緊急の連絡が入った。それは、石井健さんの訃報を伝える電話であった。

・べてるをべてるにしてくれた功労者　122
私たちの起業プロジェクトに一番最初に与えられた人材が、一番気が弱くて、一番仕事に向かないと思われていた潔さんだった。潔さんという人材を得ることで、「信じる、認める、任せる」ことの鍛錬ができた。そして私たちがどん底に落ちたときの立役者が石井さんだった。
・勇気を出すことの大事さ　124
「うちの小学生の子どもにこういう勇気を出すきっかけを作ってくれた石井さん、石井さんは〝不審者〟の身でありながら、勇気を出すことの大事さを教育した石井さんに感謝したい」。
10 「ごめん、ひろとさん」　127
・ひろとさんの突然の訃報　127
突然の訃報をきいて愕然とし、胸に迫ってきたのは「ひろとさん、ごめん」という一言でした。そして、その一言がとめどなく脳裏を駆けめぐり、退院をめざしていたあなたの無念さに思いを馳せたときに、申し訳なさで胸がいっぱいになりました。
・「幻覚&妄想大会」の実行委員長　129
自ら七百二十一人の幻聴さんとお付き合いをして、ひろとさんが行く講演先には、飛行機の翼にたくさんの幻聴さんがしがみつくようにして〝同乗〟し、その話題が講演先でも大うけでしたね。ひろとさんのマスコットといってもいい、羽の生えた幻聴さんをかわいがり、「もしよろしかったら、一匹、お持ち帰りくださいと」という独特のユーモア精神は、べてるの伝統となって今に引き継がれている。
・ひろとさんという存在　130
第3章　社会の中の当事者研究……133

1 地域移行 135

・病床転換型地域移行 135

・専門家の判断と当事者の希望との落差 136

・人の生きやすい場づくり 138

「すごく思いつめて橋から川に飛び込んだんだ。でも苦しくてつい泳いでしまったのさ。そしたら俺は泳ぎがうまいから岸まで泳ぎついちゃったんだよね。それで通りかかった人に通報されて入院してしまったんだ」と彼は話して、そこにいたメンバー全員が大笑いになった。私はその時心の中で、彼が橋まで行って川に飛び込む様を思い浮かべて「さぞつらかったろうなあ」と思ったが、それでも話を聞いたらやっぱり笑ってしまった。でもその笑いは冷たい嘲笑でなく、温かい笑いだった。

2 「人の森」で「人になる」 141

・退院とは仲間との決別 141

国も「入院生活から地域生活へ」というスローガンをかかげ「地域移行」という名の退院促進事業に力を入れるようになったが、単純に地域に「住宅」という受け皿があれば実現するものではない。人生の大半を精神科病棟で過ごした人たちには、病棟という生活空間の中にも、独自のコミュニティーがあり物語がある。

……

西坂さんは心の中で悲しみを分け合いながら笑っている感じがして、気持ちが温まり「ああ、自分はこの仲間の中にいたら病気が治るかもしれない」と思ったと記している。その意味では、退院とは、仲間との決別と未知の孤独との戦いを余儀なくさせる危機でもある。

・仲間の中で仕事をする 143

恵美子さんの〝幻視さん〟は凄まじい。二階に住んでいる恵美子さんによると、一階に降りる階段には〝死体〟がぶら下がり、あちらこちらに〝骸骨〟や〝生首〟が転がっている。そんな凄惨な光景が視界に飛び込んでくる中で、恵美子さんはべてるに皆勤をしている。
・多様性に富んだ「人の森」で「人になる」　144
べてるが追い求めてきたテーマは、「安心してサボれる職場づくり」であり、「こころをあわせて、助け合ってはたらく」という協同労働の理念にも似ていて、「安心してサボること」と「起業――働く」という二つの相容れない命題を両立することであった。そのキーワードは、「多様性」である。

3　**幻聴さんが〝グランプリ〟！**　147
・べてるのネットワークの国際化　147
・大きな時代の変化　150
・幻聴さんは良き助け手　150
幻覚&妄想大会の一番の関心事である「グランプリ」は統合失調症をもつ大貫めぐみさんが受賞した。今年のグランプリの特徴は、受賞者が、何と大会史上初めて〝彼女に付きまとう幻聴さん〟だということである。

4　**自己解体**　154
・死神さんとの付き合い　154
当事者研究つながりの女性メンバーから「入院しました」というメールがあった。〝死神さん〟にジャックされて、ロープを首に巻き、気がついたら廊下で気を失っているところを発見されて九死に一生を得たのだという。
・人の中に居る感覚　155

「死にたかったわけではない」にもかかわらず、それが、本人がいかにも〝死にたがっている〟ように装いながら、ゆっくりと回る「死の歯車」を止めるためにはどうしたらいいのだろう。

・遺伝子の大切な注意サイン　157
「あの……、実は、私……、向谷地さんからメールをもらったときに、生きていくことに自信がなくて遺書を書こうと思っていたんです……」。

5　ピープル・ファースト　160

・「自分の人生の主人公になる」　160
ピープル・ファーストは、一九七〇年代にアメリカの知的障がいをもつ人たちの中からはじまった運動で「障がい者としてではなく、人間として扱われたい」という思いの中から生まれたものである。

・福祉や医療、教育分野の「市場化」　161
「入院中心から、地域生活中心へ」という国のスローガンは、わかるとしても、病院は、患者さんが居て経営が成り立っている。患者さんが減っては、職員の暮らしを守れないというジレンマと、退院させるには、入院患者さんを増やさなければならないという根本的な矛盾を抱えている。

・当事者研究にも通じる発想の転換　163
統合失調症を抱えた人を、複数の専門家が、バラバラにそれぞれの観点から理解し、それをつなぎ合わせるやり方が、従来だとするならば、統合失調症を抱えながら暮らしている人を中心に、その人の抱える苦労を、その人自身が発信し、専門家がそれに協同するというイメージに重なる。

第4章　「幻聴さん」は人助けをする……165

1　黒い男　167

・べてるメンバーと一緒の旅　167

・〝逸材〟との出会い　168

「外に出られないというジレンマをかかえている人のほとんどは〝でたがり〟である」という経験知である。つまり、人に認められ、つながり、自分を表現することに、誰よりも飢えている人たちだということである。

・三人の幻聴さん　171

「三十年間、三人以上の幻聴さんと付き合って来て、知らず知らずに自分と幻聴さんの仲を確かめあって尊重しあって来たのだと知り、ああ、自分のしてきたことは無意味ではなく意味あることだったんだなと、思い育ててくれた幻聴さんと家族と環境に感謝しました」。

2　続〝黒い男〟　174

・二年ぶりの新潟　174

何と、二年前の〝当事者研究効果〟なのか、ずっと〝黒い男〟の機嫌は良くなり、Hさんと三人の幻聴さんは、まるで〝家族〟のように居心地の良い関係を作り暮らしていた。

・三人の協力　176

二年越しの当事者研究は、新潟の地に当事者研究を根づかせる最初の研究となったのである。

3 つながりを求める病　178

・〝つながり〟の中で回復する　178

私は、浅野さんに「統合失調症はどんな病気？」と尋ねてみた。一瞬、考えた浅野さんはゆっくりと言った。「ぼくにとっては〝つながりを求める病気〟かな……」。なるほど、「つながりを〝求める〟病気」というのは至言である。

・「リカバリー」につながるポイント　179

「病気」や「症状」というわかりにくい形で封印された人の生きにくさは、回復するにつれて「身体症状」から「関係の苦労」へと〝降りて〟くる。その意味では、回復とは簡単に人を生きやすくし、幸せにはしない。つまり、〝当たり前の苦労〟が増えるのである。

・幻聴さんの〝つなげる役割〟　180

まるで、幻聴のウラチュウさんが、仲間と太一さんを〝つなげる役割〟を果たし、それが実現した姿を見届けると、安心したように退く光景が目に浮び胸が熱くなった。そこで私は太一さんをとおしてウラチュウさんにお礼を言った。

4 神さまへの嘆願書　183

・自分の助け方　183

当事者研究の特徴は、特定の誰かの定義や説明を金科玉条のように主張するのではなく、いろいろな人たちが、いろいろな言葉で語る自由さにある。

・思わぬ波及効果　185

・神さまからの懲罰的な縛り　187

「テレビを見るな、新聞を読むなの十四の〝縛り〟も五個に減りました」と喜んで報告してくれた。看護師さんたちの「勝手な嘆願書」が神さまに届いたのである。

5 神さまへの嘆願書、その後 190

・グループでの当事者研究 190

人の人生は、そんな簡単に充実したり、生きがいが得られるものではなく、山あり谷ありである。そんな日常という海原に、帆をあげてその人なりのしかたでゆっくりと舟を漕ぎ出す風景を私は大切にしている。当事者研究とは、それを促す効果があるような気がする。

・神さまからの中止要請 192

メンバーさんたちが、この嘆願書づくりへの協力を買って出てくれた。その時、私は「統合失調症は、友達ができる病気です」というべてるの松本寛君の名言を思い出し、それに一歩近づいたような気がして嬉しくなった。

第5章　世界の当事者研究……195

1 イギリスで初めての当事者研究 197

・産業革命の真っ最中のイギリスの状況 197

・「トインビーホール」を拠点とした「セツルメント」 199

実は、三十五年前に、私が当時すでに住んでいた浦河教会の旧会堂で精神科に入通院する若者と一緒に暮すという着想は、このロンドンのトインビーホールを拠点にはじまったセツルメント活動から生まれたものので、「トインビーホール」は、べてるの原点でもある。

・「当事者研究」と「リカバリーカレッジ」　200

2　韓国でテレパシー発信源を探す　203

・幻聴さんとのお話　203

森さんは、幻聴さんが目の前の人の喉に張り付いて、ヘリウムガスを吸ったように聴こえたり、周りの人の表情も変わって見えたりする中で、時折、大爆発を起こし愛用の携帯電話を何台もへし折ってきた。

・特別な介入方法　204

「ほっとハイム」の二階に住んでいた一人のメンバーが、ミーティングの席で「部屋の外に緑色の牛が居てのぞかれた……」と言ったエピソードである。それを聞いて唖然としたメンバー間で議論となり、二階だから首が長いキリンだという説も飛び出す、爆笑も交えたにぎやかな場となった。

・暮らしになくてはならない羅針盤　206

「向谷地さん、百円ライターのバーコードが勝手にしゃべってくるんです……」。私は返信した。「凄いですね、読み取らなくてもしゃべってくれるバーコードは大発明です！」。

3　「治りませんように」　208

・集団ストーカーの相談　208

「向谷地さん、入院になりました。ＳＯＳです！　集団ストーカーに狙われています」「誰も信じてくれないんです。助けてください……」。

・韓国での当事者研究ライブ　209

亀井さんは、「韓国では、食事に薬が入るか」という一つの実験も兼ねて、訪韓と当事者研究でのライブへの参加を決めた。
・自分を変えてみること 211
「……そうですね。もし、アカシジアが消えたら、ぼくはもう、韓国には来れないし、べてるではなく、普通のコンビニなんかでアルバイトしながら寂しい人生を送るしかないですね……」。
・亀井さんからの電話 214
4 再び、良性の声 216
・衝撃的な事件 216
この人工知能を、自分たちに置き換えると、同様に社会に流布するヘイトスピーチ（憎悪表現）のような〝悪質な声〟にさらされ、汚染され続け、私たちの思考や認識の一部になっている可能性があるということである。
・言葉が現実をつくる 218
「アフリカ人・インド人の幻聴は主に肯定的な体験であり、アメリカ人には見られない特徴をもっている」ことが明らかになり、……。
・〝良性の声〟の大切さ 219
あらためて〝良性の声〟の大切さを実感することができた。その意味では、あの事件を起こした青年も、世にはびこる〝悪質の声〟による洗脳の犠牲者なのかもしれない。

第1章 当事者研究の発展

1「いま、頭をかかえています」

精神障がいをかかえる親のもとで育った子どもたち

ここ数年、統合失調症やうつ病などをかかえる親の元で育った子どもや配偶者の体験が手記となって出版されたり映画化もされ、学会などでも〝家族〟をキーワードにした講演やシンポジウムなどの企画が目立つようになっている。

先日（二〇一四年）も、名古屋で精神障がいをもちながら子育てに取り組む親と子どもへの支援を考える全国集会が開催され、スケジュールの合間をぬって参加した。この集会がもたれるようになったのは、二〇一一年に三重大学の研究者が「うつ病や統合失調症などの精神疾患をかかえる親のもとで育った経験をもつ人への聞き取り調査」をする中で、そのような環境のもとで育った子どもたちが大人になってからも、自責の念や自信の無さなどの生きにくさを抱え込んでいることが明らかになったことからである。その調査は、社会的に大きな反響を呼び、それがきっかけとなり関係者有志によって「親と子どものサポートを考える会」が発足した。今回の集会は、そのような取り組みに関心をもつ全国の関係者に呼びかけて実施され、私は三十年以上前に取り組んだアルコール依存症をかかえる親たちへの支援活動にルーツをもつ「あじさいクラブ」と、今も「ノンノ学校」という形で続く子どもの学習支援プログラム、そして、思春期の子育てを考える親の自助活動「さくらぶ」を報告した。

浦河の特徴は、何といっても統合失調症をもつ人たちの妊娠、出産がタブー視される風潮が強かった時代から、「生むが勝ち」とばかりに、地域の風当たりを真正面から受けながら、それを当たり前のこととして捉え、行政を巻き込んで「虐待防止ネットワーク」などの支援ネットワークを組織化してきたことである。一時は、メンバーの子どもだけで二十人を超えて、スタッフの子どもも交えて運動会ができるほどであった。

三十七年という年月の中で、当時、ヨチヨチ歩きだった子どもや小中学生であった子どもも親となり、さまざまな生きづらさを抱え、〝順調に〟子育てに苦労をしている。そして、そこに新しく十代、二十代の若者が加わり、出会いの中で新しい命が誕生する。

孤立せず、困った時には相談すること

最近、学生との連絡に便利ということではじめた〝ライン〟というアプリに着信があった。「あの、向谷地さんですか?」。遠慮しがちに届いたラインのメッセージはA君からであった。A

君は二十代で会社勤めをし、結婚して社会の第一線で頑張っている。

「お久しぶり！　元気だった？」と私は返信した。A君と私の接点は、四十年近く前のワーカーとしても駆け出しの頃に遡る。A君のお母さんがまだ十代の頃、入院中に家族関係のことで相談にのったのがはじまりだった。その後、母親は就職し結婚、生まれたのがA君と妹である。兄妹は、いつも両親のかかえる苦労に翻弄されながらも、それぞれ高校を卒業し就職も果たした。その妹も、最近、仕事に行き詰まり、帰る場所もなくなり相談にやってきた。そして、今はべてるで立派にスタッフ見習いとして働いている。A君が札幌で就職することになり、勤めて間もないころに私は職場に訪ねて行ったことがある。だから、今回の着信は、それ以来（六、七年ぶり！）ということになる。

「いま、頭をかかえています！」というA君と夜に直接、電話で話す機会があった。困りごとの内容を聴きながら、私はA君に〝悩み方が上手いね〟と言った。〝べてるで育った子どもたち〟は、孤立せず、困った時には相談できる良き人生の先輩がいるということを学んで社会に巣立っていく。そして、そこで人生の荒波にもまれる中で「相談する」という最もシンプルで大切な生き方を発揮していく。

人を大事にしていく仕組みづくり

私は、ワーカーとして、駆け出しの頃、親のアルコール問題に翻弄される子どもたちに対して「アルコール依存症になれば最後。この子たちを〝アル中〟にしない」という強烈な目的意識をもって関わっていたことがある。

しかし、日夜、アルコールをめぐる多くの家族の喧騒に揉まれ続け、朝から焼酎を飲み続ける夫がそれをたしなめるアイヌの血を受け継ぐ妻に「シャモ（和人）の俺と結婚できたことをありがたく思え！」となじる差別の現実に立ち尽くした。またある時には「アイヌの乗ったブランコに乗りたくない」といじめられた子どもをめぐるトラブルではじまった大人同士の殴り合いの喧嘩の仲裁に割って入りボコボコに殴られることもあった。腫れ上がる頬の痛みを覚えながら、この地域が負わされてきた民族差別という巨大な生きづらさの壁を前に、底なしの無力さを感じ、地べたに力なく座り込んだとき、私ははじめて子どもたちに「〝アル中〟になってもいいよ。それでもいっしょに生きて行こう」と言えるようになり、そんな時、本当の意味でこの子どもたちと心が通じ合えたような気がした。

「いいぞ。みんなよい苦労をしているね。すごいね。みんなの父さん、母さんはこの相談ができなかったんだよ。順調だよ」と言い続けてきたべてるの伝統が、A君や妹の中にちゃんと受け継がれ、息づいているのを感じた。

そんな余韻に浸っている時に、統合失調症をもちながら時折、札幌の当事者研究に顔を出してくれたB子さんのことを思い出し、電話をしてみた。B子さんから数か月前に「子どもができました」と報告をもらっていたからである。

「久しぶり、向谷地さん、生まれましたよ!」。電話の向こうでは、赤ちゃんの泣き声が聞こえる。

「ところでM子さんもおめでたらしいですね」。

そうなのだ。札幌でも、親の苦労二世でリストカット、大量服薬、時には幻覚妄想などで入退院をくり返してきたM子さんからも「できました!」という連絡をもらっていた。B子さんとすでに情報交換をしているのも凄い。そして、心強いのがこの二人が大の〝べてる通〟なことである。

私はB子さんとM子さんに言った。「二人の〝おめでた〟は、きっと札幌を変えるよ。このことで、子育てのテーマがみんなのテーマになって、人を大事にしていく仕組みづくりがはじまるよ」。

2 当事者研究の研究㈠

当事者研究のポイント

二〇〇一年に、爆発が止まらない統合失調症をもつひとりの青年を前にしてなす術がなく、思わず口にした「いっしょに研究でもしようか……」という一言からはじまった「当事者研究」は、国内ばかりでなく海外（韓国）にも広がりを見せ、二〇一二年には学問的な関心から東京大学先端科学技術研究センターの研究プロジェクトに採用（「当事者研究による発達障害原理の内部観測理論構築とその治療的意義」）され、国内外の当事者研究活動の資料収集と情報発信を目的とした「当事者研究ネットワーク」の構築へとつながった。

当事者研究ネットワークの取り組みの一つに「当事者研究の研究」がある。つまり、「当事者研究とは何か」を研究することである。当事者研究のポイントは、日常生活から研究素材を得ることにある。それだけに、これまで発表された当事者研究二百数十事例に取り上げられた「研究テーマ」から、統合失調症などをもつ人たちの生きる苦労の現状が手に取るように伝わってくる。一番多く研究に取り上げられたテーマは、幻覚や妄想、爆発などの〝現象〟との付き合いや自己対処に関わる研究テーマで約半分を占め、次がコミュニケーションや家族関係などの「関係の苦労」である。そして、その研究の〝まとめ方〟も興味深い。当事者研究では、抱えている苦労をわかりやすい形でグラフや年表、パターン図などを用いて自由自在にデータ化し、それを考察する。大切なのは、その人なりに一番やりやすい形をとることである。その方が、伝わった感がある。

「経験の有意味性の循環」と「生きやすさの循環」

そうやって〝遊び〟のようなノリではじまった当事者研究は、「失敗、行きづまり大歓迎」をキャッチフレーズに、幻聴さんに振り回された苦労、自傷が止まらない苦労などの名うての〝研究者〟からの投稿が寄せられ、多くの研究実績が積みあがるにつれて、当事者研究という取り組みに通底した〝ツボ〟が見えてくる。それを明らかにしたのが、二〇一四年春に行われた当事者研究に取り組むメンバー八人へのグループインタビュー調査である（『べてるな人びと』第4集参照）。

これは、北海道医療大学などの研究者が取り組んでいる「当事者研究の研究」の一環として行われたものである。「当事者研究が役に立っているところ」「当事者研究のすすめ方」など二時間あまりにわたって収録されたインタビュー内容を整理、分析したところ、当事者研究を行うことによって、自分に起きる成長的な変化を促す要素として「仲間との出会い」「自分への気づき」「経験の有意味性」「つながり（自分と他者）の回復」「生きやすくなる」「自分を助ける方法」の六つが浮き彫りになった。そして、これらは、〝どんな苦労にも意味がある〟という「経験の有意味性の循環」と、今までの苦労が新しい苦労を呼び込む生きにくさの悪循環が「生きやすさの循環」へと変化し、その二つの循環の中で六つの要素が互いにつながりあっていることがわかった（下図を参照）。

インタビュー調査の結果から明らかになったことは、当事者研究は、「仲間から言葉と力をもらい、自分の言葉を取り戻すことで（「仲間との出会い」）〈自分への気づき〉が起こる」プロセスであり、そのことを通じて「自分の経験することにはすべて意味がある（「経験の有意味性」）と理解し、〈自分を助け

当事者研究のインタビュー調査結果
関係図

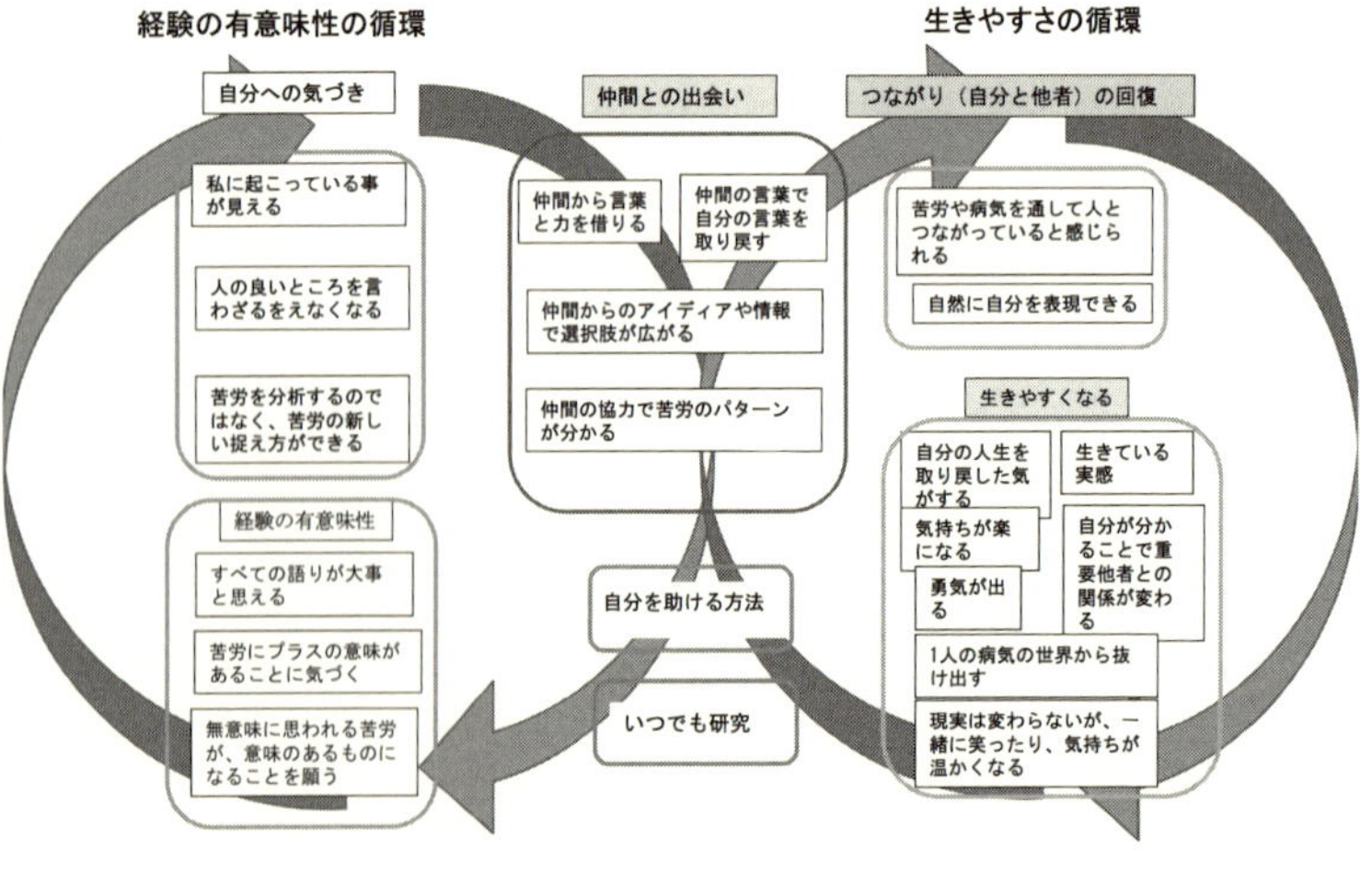
経験の有意味性の循環
生きやすさの循環
自分への気づき
私に起こっている事が見える
人の良いところを言わざるをえなくなる
苦労を分析するのではなく、苦労の新しい捉え方ができる
経験の有意味性
すべての語りが大事と思える
苦労にプラスの意味があることに気づく
無意味に思われる苦労が、意味のあるものになることを願う
仲間との出会い
仲間から言葉と力を借りる
仲間の言葉で自分の言葉を取り戻す
仲間からのアイディアや情報で選択肢が広がる
仲間の協力で苦労のパターンが分かる
自分を助ける方法
いつでも研究
つながり（自分と他者）の回復
苦労や病気を通して人とつながっていると感じられる
自然に自分を表現できる
生きやすくなる
自分の人生を取り戻した気がする
生きている実感
気持ちが楽になる
自分が分かることで重要他者との関係が変わる
勇気が出る
1人の病気の世界から抜け出す
現実は変わらないが、一緒に笑ったり、気持ちが温かくなる

今を生きる仲間

る方法〉として当事者研究が定着する」という循環の構図である。

さらに「生きやすさの循環」も「〈仲間との出会い〉から始まり、他者や自分との〈つながりの回復〉」が生まれ、あいかわらず苦労の多い現実は変わらないにしても、当事者研究が大切にしているユーモア精神やつながりの豊かさの中で、そこから「〈生きやすくなる〉ので、〈自分を助ける方法〉として当事者研究が定着する」という流れが明らかになった。

「今を生きる仲間」

ここで大切なのは「仲間」の定義である。そこで参考になるのが精神病理学者である木村敏先生の「治療が目指しているのは、第一義的に治療や寛解ではない……患者が、日常生活のなかで私たち『生活者』の『仲間』になってくれること……」（木村敏著『こころの病理を考える』岩波新書）という言葉である。つまり、仲間とは「病気をもつ者同士」という関係を超えて、「今を生きる仲間」なのである。

このインタビューの研究結果は、二〇一四年七月（九―十二日）にオーストラリアのメルボルンで開催された「ＩＦＳＷ（世界ソーシャルワーク連盟）・二〇一四年ソーシャルワーク、教育および社会開発に関する合同世界会議」で発表することができた。それは、世界で初めて「当事者研究」に関する研究が、海外に発信された記念すべき瞬間でもあった。驚いたのが、会場で出会ったカナダの研究者が当事者研究のことを知っていたことだった。そのように、当事者研究の種は、今までの交流からオランダ、スリランカ、バングラデシュ、ドイツ、アメリカ、韓国に蒔かれ、広がりを見せている。次の会議は、二年後に韓国で開催される。その際には、ぜひ「幻覚＆妄想大会」を世界に発信したいと思う。

3 支援者のリカバリー

〝身体に感じにくい地殻変動〟

二〇一六年をふりかえって実感するのは、メンタルヘルス領域、特に統合失調症をもつ人への治療や支援理論、アプローチの中に、静かに確実な「地殻変動」が起きはじめていることである。地震にも有感地震ばかりではなく、身体で感じない無感地震があるように、この地殻変動を感じている人はまだまだ少ないかもしれない。しかし、私は深い感慨をもって、この〝身体に感じにくい地殻変動〟を肌身に感じている。その感慨とは、三十六年前に、メンタルヘルスの領域にはじめて足を踏み込んだときの私なりの〝直感〟と深く結びついている。それは、統合失調症をはじめとする精神疾患が、私たちの生き方や暮らし方、社会のありようと深く結びついているという実感である。だから、治療や支援のアプローチは、常にどこかに〝いかに生きるか〟という私たちの人生への態度変更を要請し、期待する内容を孕んでいる。その中で特に私が着目したのが〝ソーシャルワーカーとしての「私」〟であり、一人の〝人間としての「私」〟である。

自分のソーシャルワーカーになる

そのきっかけは、いままで想像もしなかった人生を歩んでいる人たちとの出会いであった。飲酒をめぐる家族の喧騒、統合失調症をもった人たちの繰り広げる幻覚妄想を背景とした（当時は意味不明の）幾多のトラブル、特に私が鍛えられたのがミスターべてると言われる早坂潔さんである。潔さんの投じる受け取りにくい魔球のようなコミュニケーションを何度も取り損ないぶつかり合った。しまいには、常識はずれの仕事ぶりから、精神科への出入りと相談業務の禁止を申しわたされ、五年間の〝窓際生活〟も経験した。

そのとき、誰よりも支援と回復を必要としていたのは、まぎれもなく私自身であり、「私こそがクライエント」であった。そのような危機的な状況を生きられたのは、〝自分に対する態度変更〟ができたからであった。そして、こころに決めたのは「自分のソーシャルワーカーになろう」ということだった。さらに私が大切にしたのは、何度も〝自分に落胆〟しながら、自分を責め苛むことをしないことである。そして、直感的な「この経験が大切な何かにつながる」という〝研究的な関心〟が、自己否定の壁を乗り越える大切なエネルギー源となった。その直感は、今、実感している地殻変動に対する〝予知〟でもあったような気がする。

統合失調症研究の〝行き詰まり〟状態

回りくどい言い方になったが、私の感じる〝地殻変動〟とは、「リカバリーの概念」に象徴されるように、従来、統合失調症などの精神疾患をもった人たちをターゲットに、心理や生理的特徴、特に昨今では脳内のメカニズムや遺伝子の領域にまで踏み込んでその〝原因〟となる手がかりを追求するあり方がいい意味で〝行き詰まり〟状態にあることに起因する。その辺の事情をわかりやすく説明しているのが統合失調症の遺伝子研究で、いま一番脚光を浴びている糸川昌成先生（『統合失調症が秘密の扉をあけるまで』星和書店）である。

糸川先生によると、統合失調症研究は、「四半世紀近くをかけて、脳の細部へ、よりミクロへと降りてゆく研究をしてきた」わけだが、「いわば、脳の部品の研究にも例えられる」アプローチを重ねる中で、浮かび上がってきたのは「部品の解体が進めば進むほど、これで統合失調症がわかるのだろうか」という疑問であったという。つまり糸川先生は「まるで、うまく音の出なかったラジオを分解してみたら、壊れた真空管が見つかる」ことを期待しながら研究を続けてきたのだが、意外なことに「部品の故障個所がわかっても、いっこうに全体が見えてこない」という壁に直面したのである。そこから、先生が得た結論は「脳は、気象現象やマクロ経済と同じ複雑系」であり、「薬が脳を治しても、患者の生きる人としての回復が達成されるとは限らない」ということと、「その人の生きてきた文脈が理解され、症状の意味が汲み取られ、ご本人が病気を腑に落ちる物語として描き終えたとき、はじめて統合失調症から回復できる。すなわち、抗精神病薬は、脳は治せるが魂は治せない」というものであった。

この糸川先生の〝発見〟は、精神病理学者であり、哲学者でもある木村敏先生（京大名誉教授）の「それならば何故、このような異常（統合失調症）が起こったのだろう。自然科学的な精神科医なら、それは神経系のニューロンとニューロンの接合部でドパミンと呼ばれる伝達物質が移動する際に、その受容装置に機能異常があるためだ、という説明をするだろう。それは、決して違っていない……しかし、このドパミン・レセプターの変化は……原因ではない。……レセプターの変化はどうして起こったのかという問いでもある。その答えは、そうしなければ患者は生きて行きにくいのだ、ということに尽きる」（『こころの病理を考える』岩波新書）という至言と見事に一致する。一九九〇年代に著された木村敏先生の現象学的精神病理学によって裏付けられたこの言葉は、センチメンタルな観念主義と言われ、臨床の場ではほとんど顧みられることがなく、すでにこの著書も古書としてしか手に入らないものである。しかし、当事者研究では、つねにこの言葉を大切にし、二〇〇八年には京都の名刹で対談までさせていただいた。当時、対談の中で「精神科の医者ではなかなか受け継いでくれないんです」と話されていたように、木村敏先生の名前さえ知らない精神科医が増えている中で、糸川先生の遺伝子の先端研究が、〝時代に合わない〟として忘れられようとしていた木村敏先生の精神病理学に対する再評価につながる可能性をもっている。

統合失調症を「そうしなければ患者は生きて行きにくい」という一つの〝生命現象〟として理解しようとする立場は、当事者研究を重ねてきた私たちの実感と符合する、そして、今、最先端の遺伝子研究がそれを裏付けてくれたのである。

人々がどう支え合い、生き合えるか

そこで、ここであらためて注目したいのがSST（生活技能訓練）の生みの親であり、長年、精神障がい者リハビリテーションの領域で世界のリーダーシップをとってきたUCLAの精神科教授リバーマン博士のメッセージである。「日本で必要なのは精神科の患者さんに対する根本的な態度の変化だと思います。一般市民だけではなく、精神科医、臨床心理士、ソーシャルワーカー、看護師などが、患者さんに対する態度を大きく変えることが必要」（前田ケイ『幻聴が消えた日』金剛出版）というメッセージの裏には、統合失調症をもった人たちの〝生きやすさ〟の改善の最大のポイントは、脳科学の先端にあるのではなく、「態度の変更」という人々がどう支え合い、生き合えるかという日常の中にこそ、鍵があるという提案と解することができる。二〇一四年七月に訪問したイギリスのＥＡＵ（イースト・アングリア大学）でのリカバリーをめぐる日本とイギリスでの交流（リカバリーカレッジと当事者研究）でも私が実感したのは、重要なのは統合失調症をもった人への治療や支援以上に、〝支援者のリカバリー〟と支援組織や行政機関の意識変革であった。時代は、大きく変わりつつある。それを象徴する言葉が浦河で長年、べてるとともに精神科医としての歩んでこられた川村敏明先生のつぶやきである。

「病気の人への治療や支援は、わかった。これからは〝健常者支援〟だな」。

4 新たな時代の到来

学術研究の一分野としての当事者研究

二〇一五年、当事者研究の新たな時代を象徴するような二つの出来事があった。一つは、東京大学の駒場キャンパスにある東京大学先端科学技術研究センター（以下先端研）にある六つの研究領域（材料、環境・エネルギー、社会科学、情報、生物医化学、バリアフリー）の一つ、バリアフリー（障がいをもつ人たちが暮らす上で障がいとなる心理・社会的な障壁を無くすための研究や施策の取り組み）領域において、「当事者研究」という新たな学術研究分野が立ち上がり、専任教員（准教授）として熊谷晋一郎氏（小児科医）が就任したことである。熊谷氏は、自ら脳性小児麻痺による重い障がいをかかえながら医師となり、当事者研究と出合う中で、自然科学と当事者の経験知、実践知の一体的な学術研究を模索し、二〇一五年の三月には、発達障がいの当事者研究の成果を工学を結びつける中で、「自閉スペクトラム症者の特異な知覚世界を体験することのできるヘッドマウントディスプレイ型知覚体験シミュレータ」を、大阪大学大学院工学研究科の長井志江特任准教授のチームと開発したことでも知られている。脳性小児麻痺の体験を当事者研究の点から明らかにした著書『リハビリの夜』（医学書院、二〇〇九年）は第九回新潮ドキュメント賞を受賞している。そもそも、人文科学、社会科学、自然科学の三つに大別される学問体系の中で、新たな学術研究領域が立ち上がること自体が稀有であるという点からも、東京大学先端研の中に当事者研究が学術研究の一分野として認知されたことの意義は大きい。しかも、三月に開催された第十回日本統合失調症学会（東京）において学会理事長の丹羽真一先生が「当事者研究は、日本初、世界最先端の治療プログラムである」という趣旨の講演をなさった後でもあり、ますます、当事者研究は、人が生きるという実相に迫る普遍的な一つの切り口として可能性をもち始めている。

自由自在な研究スタイル

もう一つの出来事は、二〇一五年五月に北海道内の当事者研究の実践者、関係者を網羅した「北海道当事者研究ネットワーク」が立ち上がったことである。会場となった「札幌なかまの杜クリニック」の会議室には、教育関係者、精神科医をはじめとする医療スタッフ、地域の相談支援関係者、メンバーなど二十人ほどの関係者が集まり、べてるがある浦河町と千歳市をスカイプ（インターネット電話サービス）で結びながら、準備の話し合いをもった。そこで、再確認されたのは、当事者研究とは、自分自身の過去と現在の生活体験を素材に、自ら研究テーマを設けて、自由自在な研究スタイルですすめる実践的な研究活動であり、決して単一の構造化されたプログラムではないということである。たとえば、SST（生活技能訓練）を例にとると、科学的な根拠（EBM）に基づき、高度に構造化（定式化された方法が確立されている）された心理教育プログラムとして定着している。しかし、当事者研究には、「弱さの情報公開」「人と問題を分ける」などの積み上げてきた共通の理念や「得意な苦労」や「自己病名」などのユニークな言葉の用い方や発想に裏付けられた〝方法的態度〟はあるが、研究スタイルは自由で、研究者自身に任されているのが特徴で、そこが一番説明のしにくいところであり、やりやすいところでもある。だから、SSTが上達するには、研修会（初級・中級・認

定講師研修）に参加し、資格をとる必要もある。

　ところが、当事者研究は、その人自身による自由自在な研究活動を大切にし、「勉強しない」「教えない」ことをモットーに、語りや研究発表などを通じた経験の分かち合いと情報交換、情報提供を重視し、「まずやってみる」ことを奨励してきた。その他にも、当事者研究のすすめ方は、いわゆるべてる式の「ワイガヤスタイル」から「言いっぱなし、聴きっぱなしスタイル」の依存症の領域で用いられているスタイルなど、その場の伝統に基づいたすすめ方が混在している。

　しかも、当事者研究の一番の特徴は、治療者、支援者、研究者、統合失調症などをもつ当事者、家族などがそれぞれの立場や背景を超えて当事者研究の実践者として連携し、新しい知識や知恵を創造する営みを続けていることである。当日の準備会では、当面の事務局は、べてるが担うことなどの実務的な内容の再確認と、それぞれが当事者研究に対する熱い思いを語り、活動内容として、メールマガジンの発行と、年に一度の研究発表会や行事などの情報交換の重要性が確認された。

当事者研究の可能性

「向谷地さん、発見しました！　私に、マイナス思考のあまのじゃくさんが居ることに気づきました」。

「幻聴さんがひどかったから、幻聴さんに〝あなたはもうここにはふさわしくない人だからお帰りください〟って、言葉にして伝えたら静かになりました!! 私は、幻聴さん幻覚さんにも〝人格〟があると思っているので、あしらうことはせず、日頃から丁重なお付き合いをしていきたいと思います(ˎ◁ˏ)」。

今日も私のもとには、毎日のように全国各地から当事者研究の発見や成果を知らせるメールが届く。それを見たとき、この研究を持続させる力の源になっているものこそ、当事者研究の一番大切な〝何か〟であるような気がした。そこで、従来のスケールでは拾えない当事者研究の可能性を探るべく、新たな評価尺度の研究開発のプランや語りを分析する研究プロジェクトなど、東京大学の研究者を中心に、多くの研究プランが持ち上がっている。そこには、病気や障がいの体験が、単に治し、克服するという扱いから、その体験そのものが社会の進歩や人の暮らしを豊かにする知恵の宝庫として再評価しようとする新しい時代のうねりがある。まさしく「病気も捨てたもんじゃない!」。

5　当事者研究の研究(二)

研究データの蓄積

べてるが参加、協力をしてきた東京大学先端科学技術研究センターの研究プロジェクト「新学術領域研究：当事者研究による発達障害原理の内部観測理論構築とその治療的意義」（二〇一一－二〇一六年）は、二〇一六年、最終年度を迎え、研究プロジェクトとしての成果のまとめ作業と、その成果の報告に追われている。この研究プロジェクトは、「自閉症、アスペルガー症候群その他の広汎性発達障害、学習障害、注意欠陥多動性障害その他これに類する脳機能の障がいであってその症状が通常低年齢において発現する」（発達障害者支援法の定義）と言われる発達障がいの成り立ちを、胎児から大人まで、縦断的にさまざまな領域の研究者が参加して研究しようとするプロジェクトで、一番の特徴は、当事者研究の立場から発達障がいなどをもつ人たちが、「自分の研究者」として研究プロジェクトに参加していることである。

その一環として、べてるも当事者研究の広がりと、当事者研究そのものの構成（はじめ方、まとめ方、続け方）を明らかにするために研究データの収集と分析を続けている。その結果、現在、全国に四十か所を超える当事者研究の拠点が生まれ、地域ごとの緩やかな当事者研究ネットワークも北海道、関東、中部、関西に立ち上がり、全国的な交流が生まれつつある。

そして、何よりも貴重なのがこの五年間に生まれた二百件以上にものぼる研究データである。その中から、研究のテーマの特徴、研究の方法、当事者研究の進め方、まとめ方、研究の成果、を整理し、自ら統合失調症の体験をもちながら、べてるでソーシャルワーカーとして活躍している山根耕平さんが、学会発表（二〇一四年精神障害者リハビリテーション学会）も行った。

臨床の知

もう一つの取り組みは、そのような当事者研究から生まれた〝臨床の知〟を、精神医療をはじめとする医療や福祉、教育分野に活かすという試みである。この〝臨床の知〟とは、当事者研究から明らかになった次のことである。一つめは、問題は、常に何かを解消するために起きていて、人はつねに「問題に助けられている」ことである。そこで、大切になってくるのが人と問題（出来事）を分けて考えることである。人と問題を分けて考えることで、研究が促進される。二つめは、かかえる「苦労の形」と、その人の生きる「物語」への着目である。周りから見ると、どんなに理解しがたいことでも、その人が今生きている固有の「物語」があり、それを分かち合うことである。

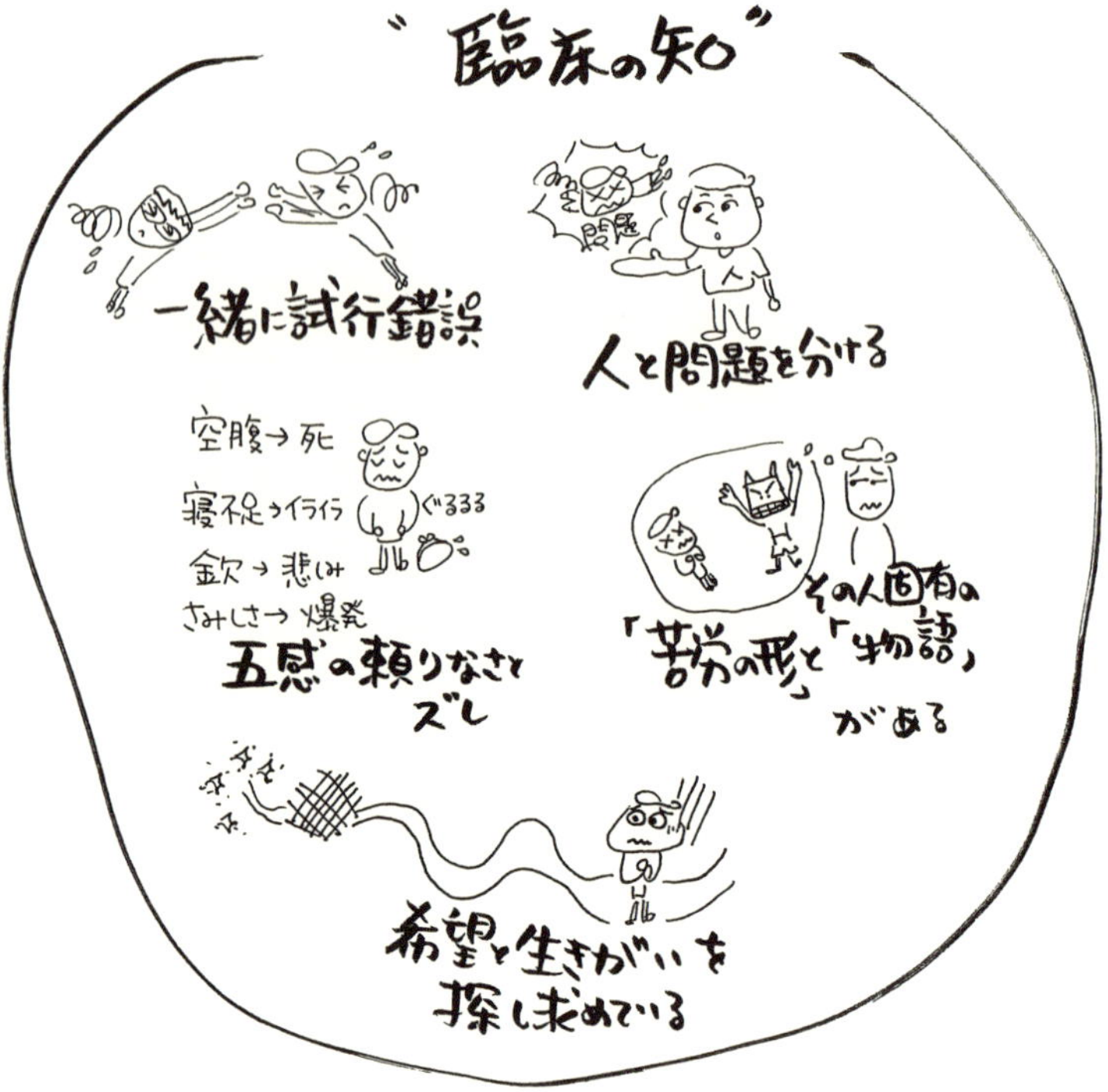

三つめは、その人なりの辛い切迫した状況から抜け出そうとする人の〝もがき〟と安心を求める〝つながりの欲求〟に共感し、一緒に試行錯誤することである。特に、一緒に困る、〝もがく〟ことが大切になってくる。四つめは、人のもつ五感の頼りなさとズレを意識することである。例を挙げると、空腹時に死にたくなり、髭をそり忘れても機嫌が悪くなる。そして、最後が、多くの当事者は、将来に対する希望と生きがいを見失い、かつそれ

を切実に探し求めている、ということである。この希望と生きがいは、最も大切な要素であり、当事者研究は、それを見出す大切なプロセスということができる。

いま、私たちが試みているのは、この臨床知を精神医療の現場にもち込むことである。幸いにも、全国の三か所の精神科病院に協力をいただき、当事者研究の考え方を取り入れたプログラムがはじまった。すすめ方は病院で、現場が最も治療に困難を感じ、入院も長期化している患者さん（Aさん、三十歳代で統合失調症による入院四年め、Bさん、五十歳代で知的障がいと依存症をもち入院期間二十年、Cさん、四十歳代で統合失調症による入院期間二十年）をそれぞれ一人選んでいただき、時には病室で、時には集団療法室といった具合に、臨機応変に当事者研究を続ける方法をとった。

そして、二年が経過した結果、AさんとBさんが退院することができ、部屋から出ることが難しかったCさんも、心理教育プログラムに参加し、外出もできるようになってきた。

仲間の力

東京で、以上の取り組みに関する「当事者研究の臨床報告会」を開催した。そこで、この結果に対して一つの質問が投げかけられた。当事者研究において大切なのは、「仲間の力」であり、三か所の精神科病院では、そのような仲間の参加や協力は、まだ実現していないにもかかわらず、この結果をどのように受け止めたらいいのか、という趣旨であった。

　そこで私が紹介したのが、先にも取り上げた精神病理学者である木村敏先生の「治療が目指しているのは、第一義的に治療や寛解ではない。患者が、日常生活のなかで私たち『生活者』の『仲間』になってくれること」という言葉である。つまり、仲間とは、単に同じ病気や障がいをかかえた人ではなく、共に生活者として〝今を生きる〟人たちのつながりをいうのである。その意味では、私たちは専門家としてもっているさまざまな常識や知識をいったん脇に置く、というわきまえが必要になる。

　そして、この二年の取り組みで実感したことは「言葉の力」である。なぜなら亀井英俊さんの「幻聴さん性格改造法」の研究が示すように、統合失調症をもつ人たちは、私たちの何倍もの感度で、周囲に飛び交う言葉、情報、文化を取り込み、それを自らの人生経験と統合しながらその人固有の世界や物語を紡ぎだしているように見受けられるからである。往々にして、そのようにして立ち上がった世界は、悪意と敵意をふくんだ生きにくさを孕んでいる。しかし、それを逆手にとると、〝良質の声〟も入りやすいことを意味している。その成果が、この二年におよんだアクション・リサーチによって裏付けられたということができる。

　二〇一六年十二月十一日、この五年間の研究成果の報告をするシンポジウムが駒場の東京大学リサーチキャンパスであり、私も研究報告をする機会を得た。他の研究者の当事者研究の研究報告を聴きながら、〝べてるまつり〟の余興としてはじまった当事者研究が、二〇一五年に東京大学先端科学技術研究センター(以下、先端研)の中に「当事者研究分野」の講座が立ち上がったように、統合失調症などを生き抜いた人たちの「知」が新たな学問を生み出し、人々をつなげる触媒として用いられてきた。特に先端研は、既存の科学と当事者や市民の連携による新たな「知の創出」をはかる学際的研究の拠点として各方面から期待されていることをあらためて実感することができた。

帰り際、大雪で羽田から無事に飛行機が飛ぶか否かと気をもんでいる中で、スマホを見ると韓国の清州精神保健センターの金大換所長からラインにメッセージが届いていた。

「清州(チョンジュ)センターでも、先週金曜日に幻聴や妄想大会をし、この一年間当事者研究をしたことを発表する機会をもちました。韓国は来年に本格的な当事者研究の出発になるようです。一月の再会を期待します」。

当事者研究は、国境を越えた「仲間づくり」も担いはじめているようだ。

6　階下の心霊現象

S子さんとのメール当事者研究

「毎度、お暑うございます m(_ _)m　ところで、階下の若い男性もかなりの病気のようで、今は私への嫌がらせが楽しみのようで、そのしつこさにもう疲れています。何をしていても、なぜか揺れてる気がして船酔いぐらい気持ちが悪くなってます」。

そんな研究報告のメールをS子さんからいただいた。

「私は、最初、体感幻覚かとあきらめていたけど、それに何となく階下が絡んでいる気がします。ひどい揺れだと洗濯物を干すスタンドがガチャガチャと音を出し、夜になると、私のベッドの枕元が振動し出して不快で眠れません。階下が私に揺さぶりをどうやって、どんな方法でかけてくるのか、主治医はただの幻覚とあまり相手にしてくれませんが、まるで執拗な愉快犯のようで気持ちが悪いし、不気味だし、いつまで続くのかと不安で最近睡眠不足で辛いです。それで、不動産屋にクレームしたんです」。

二〇〇九年の秋、講演に行った東北の会場で出会った統合失調症をもつS子さんとメール当事者研究をはじめて八年が経つ。二〇一一年三月に震災を経験したS子さんは、震災時、二か月ほどの間が空いた以外は、思いついたように「階下の心霊現象」について今も研究報告を送ってくれる。

実験を重ねる

前述のようなS子さんの度重なるクレームに、不動産会社も「あなたは他者への干渉が多過ぎるから、今の部屋に文句があったら黙って出てってください」と言われ、危うく退去させられそうになったという。その結果「階下への苦情は一切できない状態で、階下の明らかな悪質ぶりに怒りがぶち切れそう」になり「私は体調を崩して入院しそう」という状況に苛まれている中ではじまった「メール当事者研究」であった。

私は返信をした。

「御無沙汰！　面白いですね！　失礼！　S子さんが、〝生活音苦労系ポルターガイストタイプ〟の苦労人だとは！

いま、全国各地に、この手の苦労人が増殖中です。ぜひ、どんな時に、どんな現象が起きるか、引き続き、観察と実験をお願いします。結果が楽しみです！」。

S子さんは、早速、実験に着手した。

「こんにちはS子です m(_ _)m ただ黙ってると階下の脅しらしき素行がエスカレートしてくる気配なので、私から「お早う」って声をかけるようにしたら、嫌がらせらしき音がピタリと止むんです！　どうやら彼一人だと、根は優しくて素直な子かもしれなくて、解らないけど、私は以前止めるよう怒鳴ってたけど、今は名付けて〝北風とお日さま作戦〟を実験中です」。

実験をはじめると展開は予想外に早かった。

「お早うございます m(_ _)m 今日は快晴で、まるで今の私の心のよう(^-^) さて私あれほど悩んでいた階下との問題が、今朝一気に解決しましたぁ(≧∀≦) やっぱり人にはそれぞれ訳があって、触れられたくない心の傷の一つや二つはあると思うんです(^^;) どうやら階下の男性は偽りの人生歩んでるようなので、階下の傷にはふれず、この際誰が住もうが自分に危害を加えられなければ共存でいいと思えたのだー！　私、今朝階下に共同生活宣言したのです(^^)ゞ　したら、いつもならコップの水が波打つくらい振動が伝わってたのが、ピタッと止んだのよ(?_?)」。

さすがS子さん、当事者研究の最も大事な〝実験を重ねる〟というツボを押さえている。

「すばらしい！　ノーベル（述ーべる）賞ものです。この経過を当事者研究的にまとめるとおもしろいですね」。

そうは言っても簡単にはことは収まらない。相変わらず、「最近の私は、階下の件で追い詰められてるらしく、階下の振動とかバンバン幻覚さん出ずっぱりです」という報告メールが届いた。

なるほど、S子さんも体感幻覚を疑っている。そこで、私は、「仲間の先行研究によると、体感

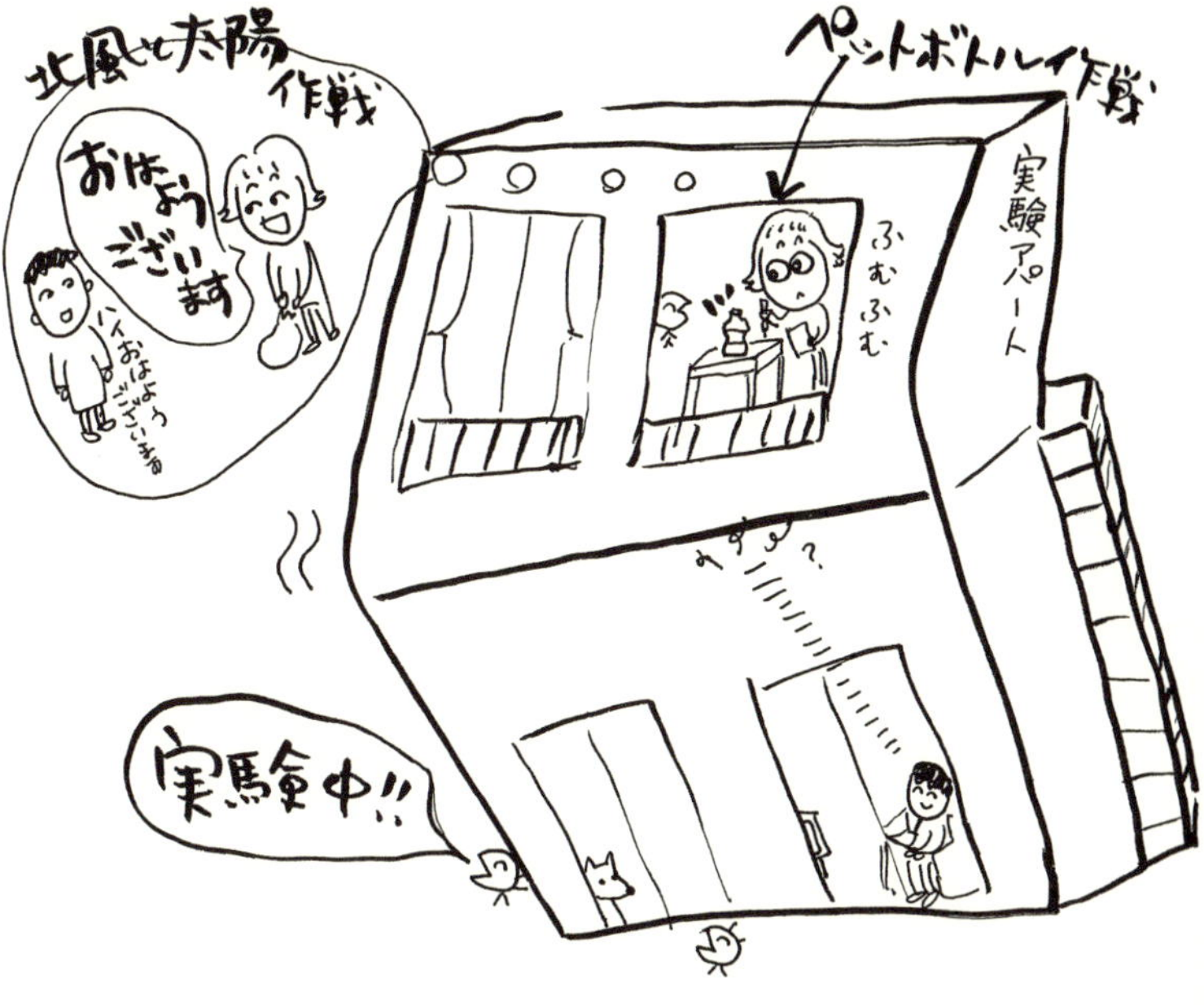
北風と太陽作戦
おはようございます
ハイおはようございます
ペットボトル作戦
ふむふむ
実験アパート
実験中!!

幻覚は、〝言葉の少なさ〟を示す身体言語です。言葉の量と質を高める必要があるかもしれません。良いアイデアを一緒に開発しましょう」と返信した。

そこでS子さんが試したのは、ペットボトルでの実験である。

「もしかして体感幻覚かなぁとか、本当に揺られてるのか判断するのが、今は五〇〇ミリリットルのペットボトルなの。水入れたペットボトルを、震源地かもしれない場所に置いて、波打てば階下は揺らしてる最中って間違いなく判断できるので、すこし安心してます。その揺れ具合をみてもらいたいので、添付します」。

体感幻覚さんの紙芝居

添付され送られてきた短い動画を見ると、ちょっと揺れている。

「面白い実験ですね。ちょっと、揺れてますね。ちょっと古いアパート？（失礼！）。きっと、建物の揺れと〝こころの揺れ〟が同調しているのかもしれませんね。実は、今日、ホテルに泊まっていますが、偶然にも〝風が吹いた時には、建物が揺れますが、危険はありません〟と張り紙がありました。それにしても、S子さん、りっぱな研究者！」。

彼女の研究のテンポの良さには、驚くばかりである。

その後、S子さんは実験を重ね、ついに発見したのである。

「揺れてると感じた時に、震源地らしき所にペットボトルを置き、ボトルの水が動かなければ、私の体感幻覚だって知ることができて納得です」。

苦労が無くなったわけではない。「階下は、しつこく相変わらずなんだけど、私は半年かけて、階下の観察しながら階下の分析、実験、たくさんしたよ！」という言葉に象徴されるような試行錯誤の中で得られた新たな境地なのだ。「気がついたら階下の振動どころか、階下の存在さえ忘れてたぁ〃(^▽^)ヘ 私、今は階下が何しようが、全然気にしないで過ごせてる(^o^)」というS子さんの研究は、当事者研究の可能性を教えてくれる貴重な実践である。

「結局、階下が何しようと階下は階下で私は私だって、お互いさまなんだなぁって、今はドンドン楽になる自分に自分が一番ビックリしてるよ(^^;)。今年も、色々あったけど、最近は充実した毎日を送れることに、まず今日は満たされてるのであったぁ(´-^*)ok」。

そんなS子さんから久しぶりにメールが届いた。「今、仲間に、私の体感幻覚さんの体験談伝えるべく、紙芝居を作成中!! できれば、いろんな作業所とかでもやってみたいです♪」。

紙芝居は、まもなくできあがるという。完成したら、S子さんとコラボした「紙芝居版当事者研究」を、やってみたいと思う。こうご期待！

7「僕、疲れやすいんです」

「当事者研究のガイドライン」

札幌近郊の地域家族会の集いに招かれ、「統合失調症と当事者研究をめぐる最新の動向」について話す機会があった。新たな動きといえば、二〇一六年四月から、リカバリーの概念という新たな発想を取り入れた「統合失調症治療のガイドライン」をつくる研究プロジェクトがはじまった。そのなかに「当事者研究のガイドライン」を取り入れることになり、私も分担研究者として参加することになった。このガイドラインの一番の特徴は、従来の精神科医や医療スタッフのための「診療の手引き」としてのガイドラインではなく、統合失調症をもっている本人や家族も手に取り、それを持参して医師や関係者に「こんな治療を受けたい」と言ってリクエストできるというイメージで構想されていることである。そして、何といってもユニークなのは、治療ガイドラインに当事者研究を取り入れようという発想である。統合失調症の治療に携わる日本を代表する最先端の研究者や臨床家たちが、標準的な治療ガイドラインの中に当事者研究を盛り込みたいと考えているということは、精神医療の世界が新しい時代を迎えることを意味し、それは当事者研究が、私たちの想像を超えて、あらたな可能性をもって広がりつつあることを示している。

もう一つの変化は、いい意味での医学的な統合失調症治療の限界が見えてきたことである。脳科学や遺伝子の解析などの先端科学の進歩が、むしろ統合失調症をはじめとする脳機能や人間のこころの宇宙的な広がりと複雑性を明らかにし、機械の故障個所を探して修理するかのようなイメージでは、とらえきれないという限界を示したことである。その〝前向きな限界〟の中で、あらためて注目されているのが「対話の力」である。人と人とが、今を共に生きること、そして、その中で交わされる言葉、しぐさ、何気ない表情や優しさの中で、人は癒され、生きられるようになるというその至極当たり前な関係の大切さが再評価される時代を迎えているのである。そこに家族のあらたな可能性と役割がある。

〝いがぐり頭〟の青年

以上のような趣旨の話題を、三十人ほどの家族や関係者を前に話し終えると、目の前に落ち着きなく座っていた一人の〝いがぐり頭〟の青年が手を挙げた。

「すいません。あの……、僕も統合失調症をもってるんですけど、さっきから椅子に座ったり、床に座ったりしてるんだけど、椅子に座ると疲れるんですよね。いや、椅子だけじゃないんです。

なんでもすぐ疲れるんですよ。……これ、床に座って聴いてもいいですか？　迷惑じゃないですか？」。

そこで私が「全然かまいませんよ。今日はよく来ていただきました」と答えると、青年は、「ありがとうございます」と言って、再び椅子に座りなおした。家族の集いは、質疑応答の時間に移る前に、しばしの休憩に入った。すると先ほどの青年が帰り支度をはじめていたので私は声をかけた。「今日は、集まりに来ていただいてありがとうございます。この集まりは、どうやって知ったんですか？」。そう尋ねると青年は、普段通っている教会牧師の紹介だという。「そうなんですか。先ほどのお話で、疲れやすいっておっしゃっていましたけど、それは大変ですね。そんな中で、よく来ていただきました。私が感じたのは、あなたは一番前で、私の話を本当に熱心に聴いていただし、物事への関心の高さ、行動力、自分の意見を言う発言力が素晴らしいのと、前向きなエネルギーを感じましたよ。だけど、その力を持て余すと〝すること〟がなくて、時間を持て余すと〝暇疲れ〟状態になっちゃうというデータがあるんですよ。それと、〝お人良し〟状態で、何でも受け身で、いい人やっていると疲れて固まるっていう研究もあるんですよ。べてるに、伊藤知之さんっていう統合失調症をもったスタッフが、その研究をしてます。もし、よかったら、この後の質疑応答に協力いただけませんか」。そう言うと、青年は申し訳なさそうに「そういってもらえると嬉しいんですけど、今日は、疲れたので……」と言って帰路についた。

人前が苦手で、疲れやすい人ほど〝出たがり〟

十五分ほどの休憩が終わって、質疑応答の時間になった。工夫したのが、私と家族の質疑応答ではなくて、古くから家族会活動に参加している三人の家族にアドバイザーとして前に出ていただき、家族同士が〝当事者研究的な質疑応答〟をし、私はファシリテーター役をすることにした。そんなセッティングを終えて質疑応答に入ったとき、帰ったはずのあの〝いがぐり頭〟の青年が目の前に座っていることに気づいた。

最初の相談は、息子が統合失調症で入院中だという母親からの「退院の許可が出ても退院したがらない」というものであった。グループホームへの入居を勧められているという息子へのかかわり方に苦慮しているという母親へ、ベテラン家族がいろいろとアドバイスをする中で、私は「それでは、今日、会場に、〝その道の専門家〟がいらっしゃいますので、ちょっと伺ってみたいと思います」。

そう言って私は、前に座っている青年にマイクを向けた。「すいません、無茶ぶりで。いま聴いてたと思うんですけど、息子さんの気持ちが一番わかる専門家としてアドバイスをお願いします。母親として、早く退院するように促すべきか、待つべきか、いろいろと迷っておられるようですけど、いかがですか?」。すると青年は、突然の指名に戸惑いながらも、少し間をおいて「ぼ、僕だったら、緊張するし、不安だし、いろいろと迷うと思うんです。だから、ちょっと待ってあげたらいいと思います……」。すると、会場に来ていた家族からホォという声が上がった。それを聴いた母親は「そうなんですね」と深くうなずいた。そこで、私は青年に「もし、君がお母さんだったら今度、面会に行ったときに息子さんにどんな声をかけてあげますか。ちょっとやっていただけませんか」。そう言って、母親を息子に見立てて、面会場面を演じてもらった。

するとと青年は、「こんな感じかな……」とつぶやきながら言った。「あなたは退院許可が出て、いま、不安と緊張で大変だと思うから、じっくりマイペースでやったらいいよ。それと、失敗は悪いことじゃないから……」。

会場は、一瞬静まり、「凄い！」という声があがった。母親の目は、少し潤んでいるように見えた。「お母さん、いかがですか」。そう言って母親にマイクを向けると「きっと、息子も同じ気持ちだと思います。やってみます！　質問して良かったです」。すると、会場には、青年に対する拍手が沸き上がった。青年は、照れくさそうにぺこりと頭を下げた。

「ありがとうございます。凄いですね。実は、当事者研究のデータに、人前が苦手で、疲れやすい人ほど〝出たがり〟というものがあります。私は、今日、そのことをあらためて実感しました。ところで、さっき休憩時間に〝疲れたから帰る〟って、出ていかれましたよね。でも、いま、ここに座ってらっしゃる。何があったんですか？」。

すると、青年は、気恥ずかしそうに言った。「えーと、僕は、何やっても疲れやすくて、だから、えーと、今日も、前半だけ出て、自転車で帰ったんですけど、走っている途中で、不思議なこ

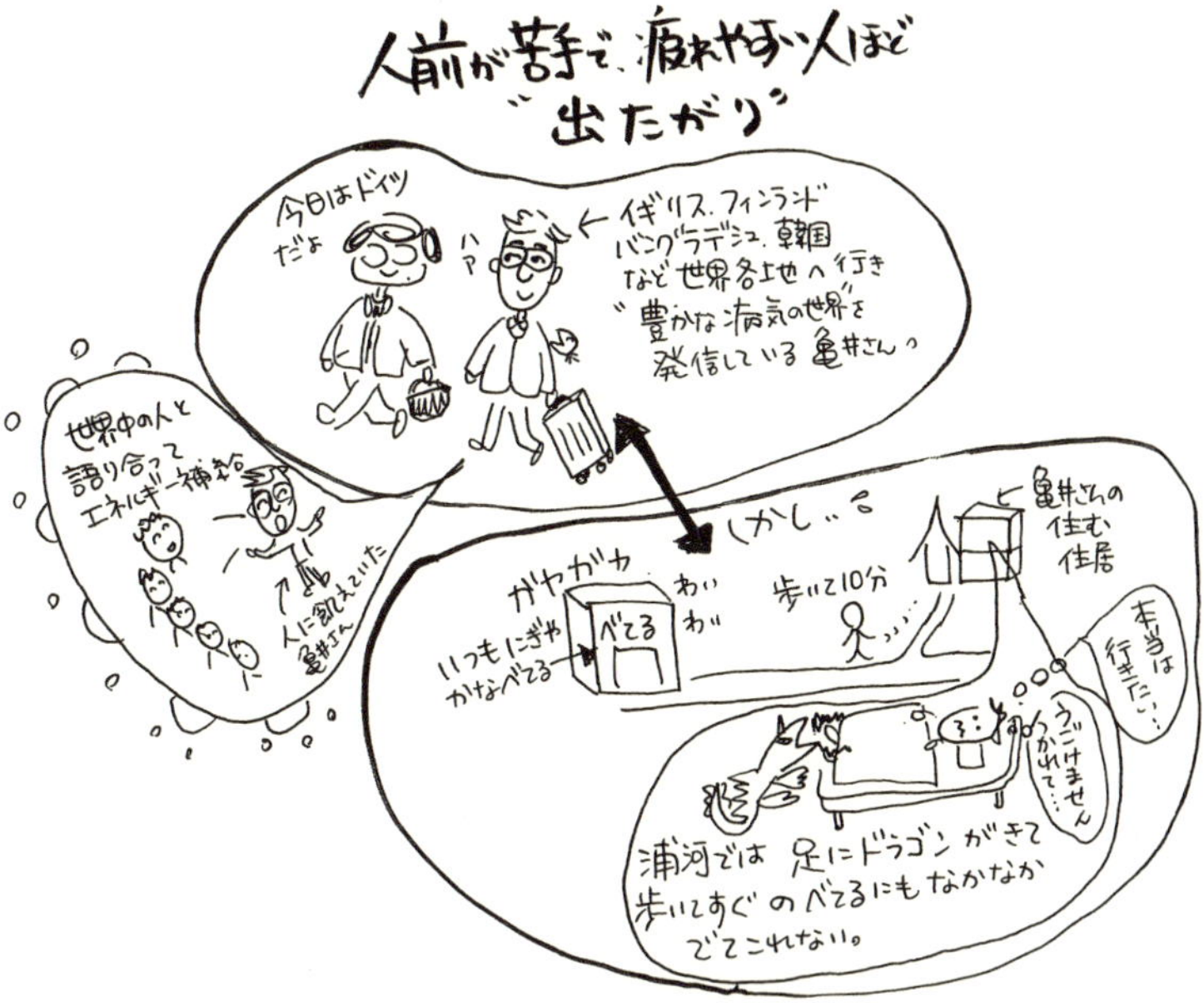
人前が苦手で、疲れやすい人ほど
"出たがり"
今日はドイツだよ
ハア
←イギリス、フィンランド
バングラデシュ、韓国
など世界各地へ行き
"豊かな病気の世界"を
発信している亀井さん。
世界中の人と
語り合って
エネルギー補給
↑人に飢えていた
亀井さん
しかし…。
ガヤガヤ
わいわい
べてる
いつもにぎやかなべてる→
歩いて10分
←亀井さんの
住む
住居
本当は
行きたい…
うごけません
つかれて…
浦河では足にドラゴンがきて
歩いてすぐのべてるにもなかなか
でてこれない。

とに〝戻りたい〟っていう気持ちになってまた来ました……」。その言葉に会場は、再び歓声と拍手に包まれた。

集いが終わった後、「今日は、あなたが居てくれたお陰で、すごくいい会になったと思います。本当にありがとうございます」。そう言って私は青年に感謝の言葉を伝え握手をした。彼は、目を輝かせて言った。

「僕は今日、生まれて初めて人に認められて、役に立つ経験ができたような気がします。さっき、自宅の近所でも当事者研究の集まりがあると聞いたので出てみます」。

この集会を通じて私と青年には、大きな発見があった。それは「人に用いられることで疲れが消える」という〝世紀の大発見〟だった。

8「精神科医」の当事者研究

「私のやっていることは役に立っているのか？」

先日、東京大学の先端科学技術研究センターにある「当事者研究LAB」で「精神科医の当事者研究」があり参加した。この問いは、長きにわたって精神医療の現場で真摯に患者さんの回復に向けた治療に向き合ってきた一人のベテラン精神科医が発した当事者研究の研究テーマである。その背景には、精神医療の現場がかかえる矛盾とジレンマがある。外来で薬だけを求めて来る患者、患者家族と対等でありたいと考えながら、「医師」という役割への周囲の過剰期待と抜けられない〝上から目線〟、丁重な診察をするほど収入に結びつかない診療報酬、そして、何よりも、悪いところを探して、診断をして、薬を処方するという直線的な「医学病理モデル」の限界と、結果として陥る薬の「多剤多量」と長期入院という〝日本的な現象〟、これを当事者研究で扱うというはじめてのセッションは、大いに盛り上がった。

そこには、隔世の感がある。私が駆け出しの頃に勤めた病院では、常に医師は「神」と崇められ、常に「お医者様」として一目置かれていた。過疎地域であったゆえ、都会から出張医として来る医師には、特別に気を使い、ホテルの部屋が気に入らないと言われると、職員は一大事とばかりに飛んで行って平謝りに謝って新しい部屋を用意した。外来担当の看護師が気に入らないときには、電話一本をかけると翌日から配置替えとなり、医師が看護師の総入れ替えを要求すると、「お医者様」の求めであればとそれがまかり通る時代であった。病棟のレクリエーションでも、舞台の幕のスイッチを押すタイミングも、医師に〝お伺い〟しなければいけなかった。そんなデリケートな世界で、いつも〝虎の尾〟を踏んでいたのが私である。

自助グループの記念の集まりの席で、参加メンバーの主治医である精神科医とともに挨拶を求められた私は、終わった後、その医師に呼び出されたことがある。医師の言い分は「自分の挨拶よりも、君の挨拶の時間が長いのは、おかしい。今後、気をつけるように」ということであった。もちろん、私は素直に「気をつけます」と言ったのだが、不器用な私は、同様の失敗を重ね、ついに「精神科出入り禁止」を申し渡され、病棟から追放されるという〝懐かしい〟思い出がある。その意味では、今回の「精神科医の当事者研究」は、私にとって、少なくとも四十年前は〝神〟であった精神科医の「人間宣言」にも等しいものであった。

自らの専門性を問い直す共通の「問い」

それは、この世界に大きな地殻変動が起きていることを意味している。その背景には、がんでさえ慢性疾患と言われる時代に入り、療養の場が、病院から生活の場である地域に移り、それを支える医師、看護師、ソーシャルワーカーなどのいわゆる専門家の役割が重なり合い、判りにくい状況が生まれている反面、患者や家族自身が、手軽に最新の治療や社会資源に関する情報を手に入れられるという「当事者の専門化」がすすみ、単なる専門知識という情報量だけでは、専門家であると言いにくい状況が生まれていることと無縁ではない。つまり、「私のやっていることは役に立っているのか」というテーマは、実は精神科医のみならず、自らの専門性を問い直す職種を超えた〝共通の問い〟となって現場に論議を起こしつつある。しかし、見たくないのが、医師という〝お殿様〟が占有していた広大な〝領地〟を分けてもらうようにして発展してきた医療専門職が、この時とばかりに自分の「領土」拡大にしのぎを削るという構図である。

私は、このジレンマを乗り越える力が、当事者研究にあるような気がしている。それは、いままでの専門家の専門性を裏付ける「科学的根拠に基づいた知」に対して、統合失調症などをかかえる人たち自身の当事者研究から見出された「臨床の知」が、専門家が陥りやすい「神の手」になり、自らの〝領土拡大〟に走ろうとする誘惑を退け、真の連携の接着剤になると思われるからである。それは、当事者の臨床の知が、専門家の「科学的根拠に基づいた知」に対抗するのではなく、「人間の顔をした知」として実用化する効果をもっているからである。そのことによって、専門家は、〝専門性〟という見かけの高さから降り、自らの実践課題に率直に向き合う「弱さの情報公開」を可能にし、チーム全体の成長を促す。

盛会だった「精神科医の当事者研究」のセッションが終わった後、参加者の一人であった女性ダルク（ＤＡＲＣ）の上岡陽江さんの話を聴く機会に恵まれた。上岡さんは、自らの薬物依存の経験を活かし、仲間の回復に向けた支援活動を続ける中で二〇〇六年に当事者研究と出合い、現在も「依存症の当事者研究」を続けている。上岡さんの話で印象的だったのが、当事者研究に出合ったとき、「これで自分も生きられると思った」と語っていたことである。

先日、大阪からべてるに見学に訪れ、ピアサポーターを続けながら当事者研究をしている鈴木さとみさんに「あなたにとって当事者研究とは」と聞いてみた。彼女から返ってきたのが「自分の言葉をつかまえること」だった。

今の時代は、誰もが自分を語る言葉を見失い、生きにくさに喘いでいる。「人に理解されない病気の苦労を長年抱えてきた人たち」の中からはじまり、「他者にわかるように自分の体験を内側から語る作業を続けている仲間」（熊谷晋一郎、綾屋紗月）との出会いとしてはじまった当事者研究は、決して障がいをかかえる当事者だけではなく、〝専門性〟という砂上の楼閣で、居場所を見失っているすべての「専門家」に必要なのであり、「精神科医の当事者研究」は、そのことを再確認した有意義な対話のひとときであった。

「弱さの情報公開」と新しい協同

最近、参加した若者が集う当事者研究の場に、二十歳の女性メンバーが飛び込んできた。彼女が言うには、主治医から即日の入院を勧められたのに「一週間考えさせてほしい」といって断り、逃げるように当事者研究ミーティングに来たという。「何で入院なの?」。仲間は、彼女に一様に質問を投げかけた。ことの経緯は、主治医に心配をかけると思い〝死ね、死ね〟幻聴さんの存在をひた隠しにきたが、つい本当のことを話してしまったのだという。そうしたら案の定、主治医に驚かれて薬の調整のための入院を勧められたのだという。

そこで語られた入院の必要がない理由が面白かった。〝死ね死ね〟幻聴さんのことを仲間に相談したら、「幻聴さんとは、喧嘩しないほうがいい、おもてなしが大切」とアドバイスをもらい、さっそく実験をしたら「紅茶」にはものすごい拒絶反応を示した幻聴さんが、「緑茶」が効いて落ち着いたというのである。それを聴いて仲間から口々に「世紀の大発見!」「すごいね!」という声が飛び交い、彼女をたたえる声と拍手が沸き上がった。その後がさらに面白かった。「でも、それを先生には怖くて言えないんですよ。そんなオカルトじみたことを吹き込んだのは誰だって、叱られそうで……」。そう言うと「みんな向谷地が悪い!」「そうだ!」という声が飛び交い、爆笑した。

彼女のような例もある中で、この当事者研究を統合失調症治療のガイドラインの中に取り入れよ

みんなで"弱さの情報公開"

うとする計画も統合失調症学会を中心に進んでいる。統合失調症をもつ当事者のユニークな世界への理解と活用が進む中で、専門家自身が、自ら当事者研究をはじめるという流れもうまれつつある。その中でも、「精神科医の当事者研究」は、専門家、家族、当事者、市民の「弱さの情報公開」と新しい協同を促すはじまりとして注目したい。

第2章

当事者研究の人びと

1 苦労のシンクロ（同期）現象

〝苦労の先取り〟と〝弱さの情報公開〟

べてるのスタッフの一人から旅先にメールが入った。「向谷地さん、他のスタッフとも話したんですが、Yさんへの支援を引き揚げるというのは、どうでしょう？」。

Yさんは、統合失調症をかかえる中堅のメンバーで、九州のいろいろな作業所を転々とし、二年前に浦河にたどり着いたという経歴をもっている。高校を卒業後に勤めた職場で統合失調症を発症し、入院した経験をもっているYさんが、通った作業所でおこすトラブルの背景にはいつも「罵声現象」があった。「罵声現象」とは、周りに居る人との他愛のない会話や話し言葉が、まるで「罵声」を浴びせられているような圧迫感をもって伝わる現象で、時にはそれが〝いじめ〟ともなって感じられることがある。もちろん、それが「罵声現象」であるとわかったのは、それを当事者研究の研究テーマとして取り上げたこの一、二年のことで、それまでは、いつも「罵声を浴びせられた」「そんなことは言っていない」の水掛け論で周囲と対立し、幾多のトラブルにもつながってきた。

べてるとつながったのは、五年ほど前、Yさんの苦労を見かねた作業所のスタッフが当事者研究を紹介してくれたことだった。浦河に移住するまでの三年ほどの間、Yさんは、私たちと電話でコツコツと当事者研究を重ねたばかりでなく、ストレスがたまった時には、浦河まで〝逃亡〟を企て、落ち着いたら九州に戻るという行動力溢れる〝研究スタイル〟を維持し、孤立無援の中で当事者研究のつながりを唯一の生命線として努力を重ねてきた。そんなYさんは、いつしか当事者研究をはじめとする〝べてる〟に来ることを願い、二年前ついに浦河への移住を果たしたのである。

当時そのYさんに話したことがある。

「Yさん、これから、いままで経験してきた苦労が浦河でもう一度起きるからね。だから、挨拶代わりにちゃんとこれからどんな苦労が予想されるかという〝苦労の先取り〟と〝弱さの情報公開〟を一所懸命にやりましょうね」。そう言われて面食らったYさんは、「わかりました……」と言いながら「いえいえ、絶対そんなことにならないように頑張ります」と力説した。

この〝苦労の先取り〟というのは、べてるの歴史の中から生まれた〝暮らしの知恵〟である。たとえば、昆布の仕事をはじめる時も、普通であれば、「○○時までに出勤してください」「仕事の時間は、○○時から○○時までです」「仕事中は、私語は慎みましょう」などという決まりが掲げられて、それを順守することを重視する。ところが、べてるでは「皆さん、仕事で予想される苦労を紹介しましょう」と言われ、「朝、べてるに行こうとすると幻聴さんに邪魔されて行けなくなることがあると思います」「仕事中にも、〝帰れ！〟誤作動が起きて、途中で帰りたくなるかもしれません」。仕事中は、〝手を動かすより、口を動かせ〟が大事にされる。そこには、べてるのメンバーならではの苦労の経験が生かされている。というのも、仲間に仕事中、急に帰られると「僕が悪いのかな……」という余分な心配や不安が募るからである。お互いの苦労の中身がわかっていると、「自分のせいではない」という苦労の見極めがしやすくなり、自然に配慮と助け合いが生まれる。

苦労のデータ取り

そんなべてるの仕事文化の中で暮らしはじめたYさんだが、「今までの失敗は二度と起こしてはならない」と心に決めたにもかかわらず、〝順調〟に作業中の〝罵声現象〟ばかりではなく、ブランド品多買による金欠状態、ゴミ屋敷状態、仕事中の突発的な帰宅など、いままで聞いたこともない苦労が次々に噴出するようになった。しかし、そんな苦労のオンパレード状態の中でも、いままでと違ったことは、それが「問題」とならずに「研究テーマ」となったことである。

つまり、当事者研究が大切にしている「人と問題を分ける。人が問題ではない、問題が問題なのだ」というケアの基本の徹底である。その差は大きい。つまり、「お金遣いの荒いYさん」から、「ブランド品〝多買現象〟に苦しむYさん」への立ち位置の変更がポイントになる。それは、同時に〝罵声現象〟〝ゴミ屋敷現象〟〝突然帰宅現象〟とそれらの現象がどのように関連しているのかの

メカニズムを研究するという大掛かりなものである。

私はYさんに、これらの苦労が〝どのように起きるのか〟と〝助けられているのか〟についての「苦労のデータ取り」を提案した。このデータ取りこそ、もっとも当事者研究の発想が活かされた取り組みである。Yさんから「みんなに罵声を浴びせられて困ってます」と相談されても「Yさん、またとない機会なので、どんな人の罵声がどんなタイミングで起こるのか、自分の体調や苦労とも合わせてデータ取りをしてみたら面白いかも！」と言うと「わかりました！」と言って終わるようになった。その「データ取り」は、〝こだわりが得意〟なYさんには、うってつけの作業になり、〝病気（問題）つながり〟から〝研究つながり〟という新しい人間関係が生まれることを意味する。

そうした当事者研究活動が少しずつ成果を上げ〝罵声現象〟は、「仕事の前には手を洗いましょう」という仲間の声掛けが「実家に帰ってしまえ！」という罵声に置き換わっていることと、それを引き起こしているのが「昔の苦労のよみがえり」であることを発見した。それを支えるスタッフも、看護やソーシャルワークで学んだ知識や技法をいったん脇に置き、当事者自身の世界の中に身を置いて一緒に考えて、実践するという発想が不可欠となる。

「和解」というテーマ

そうはいってもそれが一番難しい。私の経験でいえば、この仕事をはじめて一番ショックを感じ、かつ興味深かったのは、気が長いはずの自分がメンバーに腹を立て、苛立つことだった。私が生涯で一番腹を立てたのが、ミスターべてるの早坂潔さんだった。彼には、本当に鍛えられたと思う。

潔さんは、四十回の入退院に象徴されるように、ちょっとしたストレスで爆発し、衰弱をくり返した。一番難しかったのが、お願いごとや、普段の何気ない会話に〝魔球〟を投げ返してくることだった。「〇〇を手伝ってくれないかな」と声をかけると、まるで儀式のように断るか、「なんで、俺が行かなきゃならないのか」など気乗りのしない言葉を投げ返してくる。「潔さんがいないと寂しい」とか言うと、急に態度が変わりエンジンがかかる。そこでついたあだ名が〝愛飢え男（あいうえお）〟だった。彼から学んだことは「誰よりも支えが必要なのは、自分である」ということだった。

Yさんの場合も、同様である。変わらずに起きてくる〝多買現象〟〝ごみ屋敷現象〟などと付き合っていると、どうしても金銭管理をはじめとする生活管理を強化し、保護をしなくてはいけないという、支援者自身の〝お客さん〟が猛威を振るい、気がついたら本人を規則でぐるぐる巻きにしてしまいがちになる。そうすると、Yさんの罵声も含めた〝多買現象〟〝ごみ屋敷現象〟が、ますますエスカレートするという悪循環がはじまる。

最初のメールはそれを端的に物語っていた。しかし、素晴らしいのは「支援を引き揚げる」ということに引っ掛かりを感じたスタッフ自身が、他のスタッフに確認を求めてきたことである。そこで私は返信した。「支援を引き揚げるのはむしろ逆効果で、今までYさんに関わってきた多くの支援者が陥って失敗したパターンと同じだと思います。いろいろと〝問題〟が起きても、ひるむことなく〝機嫌よく〟関わりを持続させるという支援者自身のテーマがそこにあります」。

そのメールと電話でのやり取りにヒントを得たスタッフから連絡が入った。「Yさんと和解できました。支援が問題解決につながらず、それで私自身が〝お客さん〟にジャックされて、ついつい管理指導を強めるという発想に陥っていました。お互いが自分を助けながら、一緒に研究を重ねるという発想に戻ったら、私自身が楽になりました」。

そのスタッフの呑み込みの早さと、すぐに実践に活かすフットワークの軽さに感心していると、Yさん自身から電話が入った。「向谷地さん、自分も正直になれなくて弱さを隠してたんですが、今日、スタッフと和解できました。スタッフも、実は僕のように〝お客さん〟が来ていたらしく、苦労がシンクロしてたんだねって和解できたんです」。

問題を明らかにし、その対策を考えて実行するという伝統的な手法から脱却し、〝問題〟のもっている可能性や意味を研究的に探索し、新しい自助を創出するという当事者研究のもっている思想には「和解」というテーマがある。そのことの確かさを感じた瞬間だった。

2　けんさんの洗礼

下請け作業　引き揚げ事件

べてるの家の問題だらけの歴史に〝燦然と輝く〟エピソードの一つに「下請け作業引き揚げ事件」がある。今から二十五年ほど前の出来事である。その張本人が石井健さん（七十三歳）である。当時、旧べてるの家（現在のグループホームべてる）では起業（一九八三年）の一環として日高昆布の袋づめの下請け作業が行われていた。一日の流れは、町内にある親会社が午前十時前には切り分けられた日高昆布の原草をべてるに配送する。べてるのメンバーは、それを計量して袋づめにし納品するのである。ところが、その日に限って、時間になってもなかなか原草が届かないことに業を煮やした石井さんが、念のために工場に電話をかけたのが事件の発端である。まもなく滑舌の悪さと気の短さで有名な石井さんに対して、電話に出た工場長は「昼間っから酔っぱらって電話をかけてくるな！」と怒り、口論となった。そこで言われたのが「仕事を引き揚げる！」という一言であった。工場側の対応は素早く、原草を届けるどころか機材一式を引き揚げられてしまったのである。

そこにいたメンバーの高橋吉仁さんが、たどたどしい言葉で私に電話をかけてきた。「向谷地さんかい、昆布ダメだわ。石井ケン、喧嘩した……」。その電話に驚いた私は、すぐにべてるに駆け付けて、事の顛末を知ることになった。しょんぼりする石井さんと「仕事がなくなった」と困惑するメンバーの前で、私は笑うしかなかった。周知のように、この話には思わぬ展開があった。べてるは、この出来事をきっかけに自ら製品開発をしながら、日高昆布の産直事業に乗り出すことができたのである。さらに驚いたのが、まもなく昆布の親会社倒産の報が耳に入ったことである。「石井さん、親会社が危ないことを知ってたんじゃないの？」と石井さんは、一躍、下請け脱出の立役者になったのである。

そんな石井さんは、苦労人である。彼は生まれて間もなく満州で軍人として働くことになった父親と共に家族で中国に渡ったが、まもなく戦争が勃発し父親は戦死し、戦後、母親は中国人と再婚し、そのまま中国で暮らし、兄妹も生まれている。日本人であるということで、いじめにもあい、辛い日々を送った石井さんは、十五歳の時夢にまで見た日本に単身帰国した。しかし、母親の郷里でもある山形に引き揚げてきた石井さんを待っていたのは統合失調症の発症であった。苦しい入院生活の後、石井さんは発奮し、縁あって北海道に渡りダンプの運転手として働いた。その石井さんは意外にモテ男で驚くことに三度の結婚を経験している。しかし、再発するたびにアップダウンの激しい気性に離婚をくり返し、家族とも離ればなれになり、浦河に流れ着いたという経歴をもっている。一緒に帰国した母親もすでに他界し、山形の縁戚との関係も疎遠になる中で、石井さんはべてると共に歩んできた。

「お墓」の問題

三か月ほど前、元祖べてるの家の茶の間に佐々木実さん、早坂潔さんをはじめとする浦河教会の面々が集まり「浦河教会の将来構想」を語り合った。浦河教会を担ってきたメンバーの高齢化と若いメンバーの増加、さらには背後に山が迫り土砂崩れ危険地域でもある教会はどうあればいいかを話し合ったのである。そこで出たのが「お墓」の問題である。浦河教会にはお墓はなく、みんながちりぢりになる可能性がある。そこで生まれたのが「お墓の共同住居」構想であった。参考になるのがドイツのベーテルである。障がいをもつ人たちが働き暮らす共同体であるベーテルは、一六〇年以上の歴史をもち、ナチスの障がい者絶滅政策の中で、仲間を守り通したことで有名で、「べてるの家」の命名の由来ともなった地である。二年前、私は、そこの共同墓地を訪ねた時の感動を今も忘れない。創立者をはじめベーテルで生きた人たちの一人ひとりが緑に囲まれた広い共同墓地に埋葬され、その敷地管理が一つの仕事となっていた。

「どんなお墓に入りたい?」。そんな話を笑いながら話すのがべてるのいいところである。その話で盛り上がっていたとき、潔さんがその場で黙って話を聞いていた石井さんに「どんな墓に入りたい？」と話を振った。すると、石井さんは、縁起でもない話をしないでくれとばかりに怒って話をさえぎり、部屋に入ってしまった。

それから数日後、住居の喫煙室でタバコを吸っていた石井さんが一緒に居た潔さんにぽつりと言った。「潔。俺、潔と一緒に神さまになりたい……」と。その言葉で潔さんが思い出したのが、「お墓」の話題だった。普段は、怒ったり、笑ったりで、なかなか彼の思いをくみ取ることが難しい中で、潔さんが感じたのは、「石井さんもちゃんと考えてるんだな」ということだった。そこで潔さんは言った。「けんちゃん、洗礼受けるか……」。

洗礼式は十一月九日の聖日に教会員やべてるの仲間の見守る中で寺田眞英牧師によって執り行われた。

床に寝ころび、独り言をつぶやき、出席者に

ある日の 大切な教会の礼拝中…
ドンドンパンパン ドンパンパン
←秋田民謡ドンパン節 手拍子つき
ヨロ
パン
みんなはいつものことだし、石井さんだし聞こえないかのように説教に集中。
この日を最後に次の赴任地へ行く牧師さん。感動的な最後の説教中にもかかわらず
でっかい声で歌いながらうろうろする石井さん。

とりとめなく話しかけ、牧師の説教もほとんど耳に入っていないかのように見える石井さんは、懲りもせず、毎週のように日曜日の礼拝に顔をだす。そんな石井さんのこころにも、ちゃんと「言葉」は届いていたのである。

3 再び、「人間って温かいんだね」

A子さんが呟いた言葉

「向谷地さん……、人間って温かいんだね……」。

幼くして筆舌に尽くしがたい家族の運命に翻弄されながら生きてきたA子さん（当時二十代で軽度の知的障がいももっている）が、日々の何気ない日常の場面で襲ってくる苦しかった過去の記憶から自由になるために手に入れたのは、リストカットと現実からの逃避と遮断を促す〝解離〟（意識と行動が分離してコントロールを失った状態になること）だった。

しかし、この解離は、時として本人も望まぬ困った事態を引き起こす。列車に飛び込みそうになったり、繁華街でパニックになり商品をまき散らしたりしたこともある。そんなA子さんを支援していた関係者から「すごい苦労人がいるんですけど……、それとべてるのことにも関心があるみたい」といって相談されたのが彼女だった。そのA子さんとの出会いと彼女自身の〝憧れ〟であったべてるを訪ねるまでのいきさつは、すでに『べてるな人びと』〈第2集〉で紹介している。冒頭のつぶやきは、べてるの女性メンバーが住んでいるグループホーム「レインボーハウス」に宿泊し、べてるの仕事場を見学する矢先に、緊張から〝解離〟を起こしながらも、仲間と共に食卓を囲み、フラフラになりながら帰る車中でA子さんが呟いた言葉だった。

その後A子さんは、当事者研究にも関心をもち、札幌市内で開催されている「当事者研究交流集会」にも参加するようになった。参加といっても、会場入口までようやく到着したA子さんだったが、廊下に倒れるようにしゃがみこみ、呻くような声をあげながらじっと漏れ伝わってくる参加者の声に耳を傾けていた。

意外な展開を辿った〝盗聴事件〟

A子さんの〝孤独〟を象徴するエピソードがある。

「向谷地さん、私の家、盗聴されてるんだけど……」。

彼女からそんな相談があった。なぜ、盗聴されていることがわかったのかを訊ねると、ネットの〝掲示板〟に、A子さんの日常の行動が事細かに〝暴露〟され、そのリアルさから、盗聴されているか、監視カメラを仕掛けられているとしか考えられないというのである。ネットの掲示板などというものを、覗いたこともなかった私は「それは気持ち悪いね……」と、曖昧に同情するしかなかった。結果としてA子さんがとった方法は、業者に頼んで部屋をくまなく調べてもらうことであり、数万円の費用をかけて調べた結果は「異状なし」であった。

そして、その〝盗聴事件〟は、意外な展開を辿る。その後、A子さんが言いにくそうに「実は……」と白状したのが掲示板への書き込みも、盗聴という事件も、彼女自身による〝自作自演〟という事実であった。それは、こういうことだった。掲示板に自分の日常にちょっと〝味付け〟をして晒すと、まるでハイエナが集まるように〝ネット住民〟が群がり、A子を罵り、叩く。彼女は、その様子を見物しながらこころの中で〝バカなやつら！〟とつぶやき、愚かな群衆の仕草を見て優越感に浸るのだという。私は、まるでドラマでも見ているようなそのセッティングの巧妙さに驚き、「A子さんって、すごい才能をもってるんだね」と思わず、誉めてしまった。それは、当事者研究仲間の西坂自然さんの言う「嫌われてもいいから、つながっていたい」という言葉と通じるものがある。

一歳の時に母と一つ年上の姉が火災で亡くなるという悲劇を経験している彼女の願いは、今は亡き母と暮らした町を訪ねることであった。

その彼女が四年前の二〇一一年、突然に音信と消息を絶ち私たちの前から消えた。風のたよりでは、繁華街の店内で解離症状をおこして〝爆発〟し、警察に保護され、どこかの病院に入院したということだった。そして、彼女からの連絡もないまま、時が流れた。しかし、私たちの中では時折、A子さんの安否を問う声が絶えることはなかった。

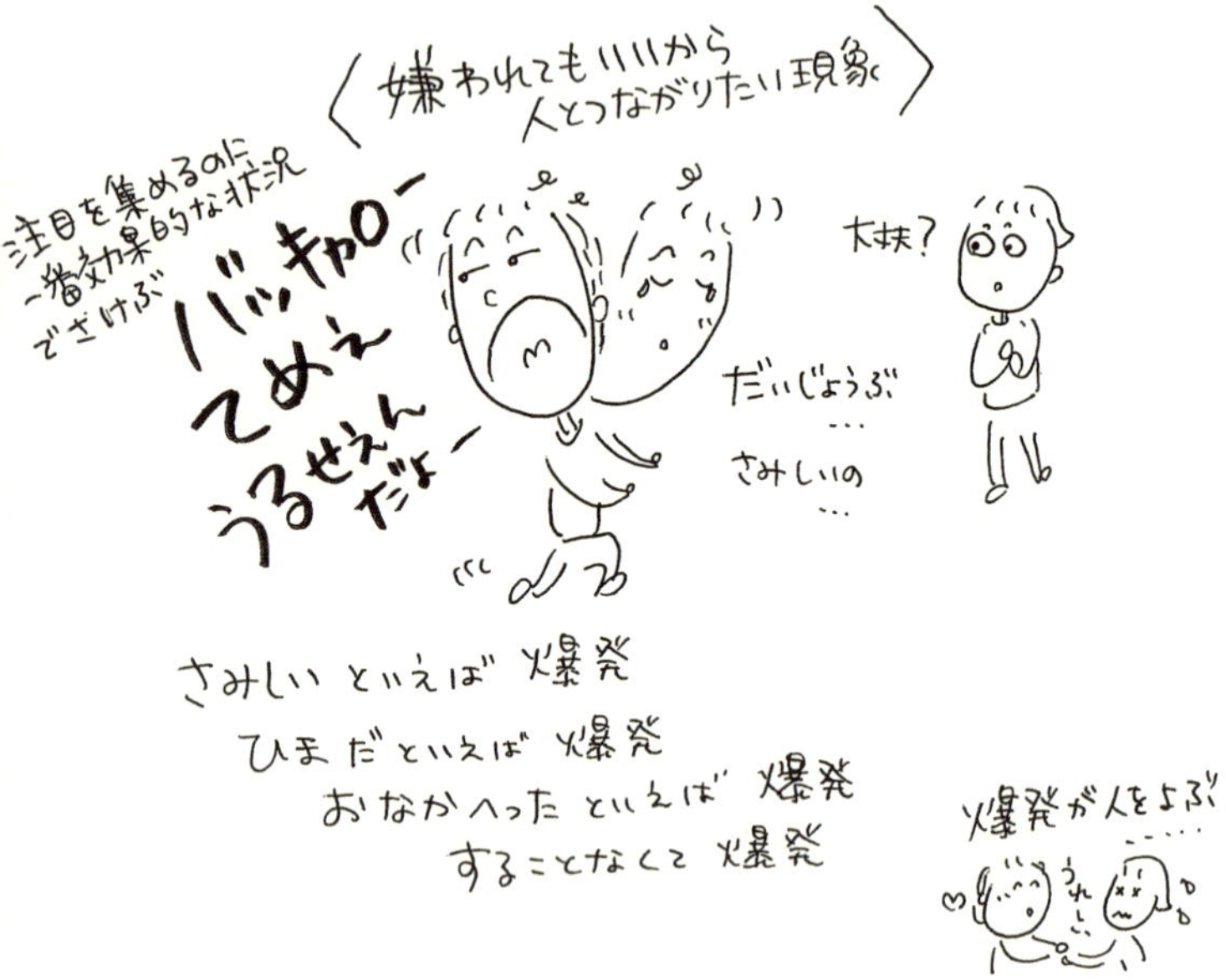
〈嫌われてもいいから人とつながりたい現象〉
注目を集めるのに一番効果的な状況でさけぶ
バッキャロー てめぇ うるせえんだよー
大丈夫?
だいじょうぶ…
さみしいの…
さみしいといえば爆発
ひまだといえば爆発
おなかへったといえば爆発
することなくて爆発
爆発が人をよぶ……
うれしー

五年ぶりの再会

二〇一二年、私たちは札幌を中心とした当事者、家族などの協力を得て「市民による、市民のための精神科医療」を理念として精神科クリニックを設立した。そして、昨年の秋には、当事者メンバーの働く場としてヘルパーステーションの立ち上げを計画した。特に重視したのが障がいをもつメンバーの雇用である。

そのクリニックに一人の若い女性から受診相談があった。電話を取ったのが向谷地ゼミの卒業生の女性ワーカーMさんだった。「仕事をしたいの……、いろいろあってどこの病院でも受け入れてくれない……」。やりとりをしている中でワーカーのMさんは、「この人、苦労のセンスがいい」と直感的に思ったという。話は、とんとん拍子に進み、その女性はクリニックを受診し、ヘルパーの資格を持っていることがわかり、ヘルパーステーションでの試験採用が決まった。そんな時に、たまたまクリニックを訪ねた私にスタッフが「ちょっと相談したい人がいるんですけど」と話しかけてきた。

「若い女性なんですけど、試験採用期間なんですが、リストカットをしたり、解離を起こすんですよ……」。

それを聞いた瞬間、私は何かを思い出したように「名前は?」と訊ねた。「A子さんといいます……」。「え、やっぱり! 実はね……」。私は、不思議なめぐり合わせに感嘆し、スタッフにA子さんとの出会いのいきさつについてせきを切るように話していた。私はMワーカーに、「ちょっとA子さんに私のことを覚えているか、聞いてもらえますか」とお願いをした。

Mワーカーからの返事は早かった。やっぱり覚えていてくれた。彼女は、遅まきながらクリニックが、べてると少なからず縁があることを知り、あまりの偶然に声をあげて驚き、感動していたという。

それから数日後、私はクリニックのデイケアでA子さんと五年ぶりに再会をはたすことができた。私の顔を見るなり「わぁ、どうしよう！」と大声で恥ずかしがる彼女の手には、再会を準備して綴った手紙が握られていた。

「向谷地さん、その節はお世話になりました。再会を嬉しく思います。あの後、警察のご厄介になったり、入院したりでいろいろなことがありましたが、はじめて仲間ができました。……これからはヘルパーとして働いて頑張っていきたいと思います。……」。

それを読んで私は彼女に言った。

「A子さん、以前約束したお母さんと暮らした思い出を辿る旅を再開しようね」。

4 苦労のルーツを探す旅

A子さんの苦しみ

本書第二章「3　再び、人間って温かいんだね」で、自傷行為とそれを引き起こす〝解離現象〟（辛い現実から本人を切り離すために自動的に〝作動〟する身体のスイッチで意識と行動が分離してコントロールを失った状態になる）をかかえるA子さんと四年ぶりに運命的な再開を果たすまでの経緯を紹介した。

A子さんは二〇一一年、街の中で解離を起こして〝爆発〟し、お巡りさんも出動するという大きなトラブルの結果、警察に保護、拘留され、その後、精神科病院へ入院となり、それをきっかけに音信が途絶えていた。実はそのA子さんと直前まで準備していた計画があった。それは、道北にある彼女の生まれ故郷であり、〝ママ〟と暮らした思い出の町を訪ねる旅であった。しかし、旅を切望していたA子さんにとっては、それは辛い過去との出合いを意味していた。その緊張感もあったのだろう。彼女は、先のとおりに今までになく激しい解離状態に陥り、警察を介して精神科病院への強制入院となり、以来、音信が途絶えたままとなってしまった。

四年前、その旅を実現するために、私は彼女の証言を頼りに大学図書館で、ある新聞記事を探していた。それは、Ａ子さんが生後十歳の時に遭遇した「家の火事」であった。その火事で母親と当時二歳だった姉が焼死し、Ａ子さんだけが奇跡的に助かったという痛ましい出来事である。きっと、新聞でも大きく取り挙げられたに違いないと、私は図書館で地元紙の縮小版を借り、彼女の生年月日を頼りにページをめくり続けた。時期は「冬」である。すると間もなく私の目に大見出しの社会面の記事が飛び込んできた。「当直明けで睡眠中　看護婦母子が焼死」と黒く縁どりされた大きな文字の下には、焼け落ちた住宅の写真と一人の女性の顔写真が掲載されていた。〝ママ〟であった。そして、記事の中には「一歳女児、助かる」という見出しも掲載されていた。Ａ子さんであった。記事には、夜勤明けの〝ママ〟は、幼いわが子と一緒に自宅で仮眠中に火事に巻き込まれたという状況と、出火原因は「まきストーブの過熱」と書いてあった。「雪まみれのベビー服」という小見出しがついた記事を読みながら、〝ママ〟のあまりの無念さを想像し、胸が痛くなった。

しかし、Ａ子さんの苦しみは、序章にすぎなかった。四人家族であったＡ子さんは、ギャンブルにはまり生活力を失った父親と生きていくことを余儀なくされ、それが次なる悲劇へとつながるのである。人間への信頼を失った人の身体は、常に生きることに怯え、その呪縛を解放する術としてリストカットや解離という彼女自身が最も嫌悪する〝生き方〟を押し付けてくる。四年前、その不自由さの極致の中で、私たちは彼女と出会ったのである。

彼女自身の〝再生の旅〟

その出会いの中で、A子さんは、自分の〝苦労のルーツ〟を訪ねたいと思うようになり、それが旅の計画につながった。そんな中で、彼女は、記事によって〝ママ〟の勤務していた病院を探し当て、当時、〝ママ〟と一緒に働いていた看護師の同僚とも連絡が取れた。さらには、記事中にあったA子さんを救出した消防士さんの名前をたよりに、自ら消防署にも電話をかけた矢先に〝解離〟を起こし、突然に連絡が途絶えたという経緯があった。しかし、この四年間、彼女自身の〝再生の旅〟に協力しようと準備していた仲間と共に、私たちはこころの中で、A子さんを探し続けてきた。しかし、〝個人情報保護〟の壁は厚く、A子さんの消息を知るすべはないままに時が過ぎていった。

消息が途絶えていたA子さんが、昨年の秋に私たちが設立した「札幌なかまの杜クリニック」に併設した介護事業所で働くことになった経緯はすでに紹介したが、私は彼女にコンビニの数より多いと言われる市内の「クリニック」の中から「札幌なかまの杜クリニック」を選んで電話をしたきっかけを聞いてみた。するとA子さんは、「何となく〝なかま〟という言葉に引き寄せられて」と照れくさそうに答えた。まさに、四年前の仲間との出会いが、それを可能にしたのである。

ようやく北海道にも春の兆しが感じられるようになった二〇一五年三月上旬、私たちはA子さんと約束していた「お母さんと暮らした思い出を辿る旅」に出た。苦労したのは、彼女が〝消息不明〟になっている中で、すべての家財道具と記録やメモなどを失ったことである。その中には、ママの同僚の看護師さんと消防士さんの情報も含まれていた。しかし、この四年で「個人情報保護の壁」は、さらに分厚さをまし、事情を話しても病院も消防署も彼女に取りあってはくれなかった。そこで、私は、今までに築いた人脈やルートを駆使して、ようやく看護師さん、消防士さんとコンタクトを取り付け、旅を決行することができた。この辺のテクニックは、かつては患者さんから相談されて奥さんの浮気の調査までした〝しつこさ〟の経験が生きている。

最も辛く、かつ懐かしい〝苦労への旅〟

札幌から一路高速道路を北上し、三時間ほど走るとＡ子さんの生まれた町が見えてきた。私と彼女の同僚の三人を乗せた車は、ナビに導かれるままに碁盤の目のように道が交差する市街地を走り看護師さんと消防士さんが待っていてくれている病院をめざした。「もうすぐ着きますよ」、そう言って後ろに目をやると、札幌を出た時には、遠足に行くようにはしゃいでいたＡ子さんがメソメソしだした。「順調に〝解離〟さんが、心配して来たかな？　あまりに辛かったら遠慮なく言ってね。このまま、帰るから……」。そういうとＡ子さんは、突然、シャキッとなり「いいえ、帰りません。このままお願いします！」と言った。その気迫と気分の落差に車内は大笑いになった。

病院の小さな会議室をお借りしてのＡ子さんと、看護師さん消防士さんとの再会は、涙、涙の感

動的な再会であった。
同僚だった看護師さんが「A子さん、お母さん似だね。そっくりだよ。お母さんはね、お姉ちゃんの手を引いて、あなたをいつも抱っこして病院に来てたんだよ」と思い出を語ってくれた。
消防士さんは、当時のA子さんの救出の光景を生々しく話してくれ、家のあった現地まで案内してくれた。家のあった場所は、住宅地の中の建築資材置き場に変わっていた。消防士さんは、当時の家のあった場所に立ちながら、A子さんが救出された場所が、炎が噴き出ていた玄関から三〜四メートル離れた通路であったことを説明してくれた。一歳の乳幼児が、一人で炎の中から這い出すとは考えられない。きっと彼女を助けるための、何らかの母親の救出行動があったに違いない。「やっぱり、ママが助けてくれたんだね……」。そう言ってA子さんは、涙を拭った。

四年越しの「苦労のルーツを探す旅」は、こうして実現した。三十年という年月は、A子さんに二重三重の試練を与えたが、彼女は、あの炎の中から這い出したように逞しく生き抜き、最も辛く、かつ懐かしい〝苦労への旅〟を完走することができた。そんな彼女から旅の感想が届いた。

「ママは、もう居ないけど確かに短い期間、私を愛してくれていたと確信できました。ママは、今も、これからも私の心に居ます。そして、空の上から、ママに見守られながら、背中を押して貰っていると感じながら、ママのように芯のある人間になりたいと願いながら、ママのような人の役に立ち、一人でも多くの人を救ってあげられる役割を担えるような仕事や活動をしていきたいと思います」。

5 生命の水脈

苦労の見極め

「嫌われ幻聴さんとの付き合い方の研究」で二〇一二年度のべてる祭りにおいてその年度の優れた当事者研究者に贈られる当事者研究大賞（なつひさお賞）に選ばれたことがある、統合失調症をもつ森紀子さんから電話がかかってきた。

「ねえ、向谷地さん、目が上がってどうしようもないんだけど……」。

目が上がるというのは「眼球挙上」といって薬との関係も取りただされている辛い症状であるが、その起き方には個人差があって、低量の薬でも起きる人もいる。

「そうか、それは大変だね。ちょっと教えてほしいんだけど、起きる時と起きない時があるとしたらその違いは？」

すると、森さんは少し考えて「そうだね。辛いと思ったり、自分を責めた時かな……、ダメだとか、嫌だと思うと目が上がっちゃうね。誉めると下がるの……」。

森さんの「幻聴さんとのつきあい方」研究はベテランの域です
そうしてあみだした対処法は…
①幻聴さんだけでなく人と交流する
②弱さの情報公開をする
③すぐ相談
④感謝
⑤悪いこと言わない良いことを言う
⑥(−)思考から(+)思考へ
メスをこの辺に
もうそろそろこの苦しみから解放してやろう
そうしてると…
目が上がってるの治してみよう
この(−)を摘出しよう
そろそろ自立のときだね
なんと幻聴さんが手術をしてくれて
調子よくなってきたのでした

それを聴いて、私はただただ凄い、と思った。「森さん、偉いね。そこまでちゃんと苦労の見極めができてるんだ。それと、森さんの病気ってすごく〝高性能〟なんだね。びっくりしたよ。思考がマイナスの方にブレて脱線気味になると現れて警告してくれるわけね。そういう意味では、大事な注意信号なわけね。〝病気さん〟って賢いね。ちょっと、思いついたんだけど、坂本九の〝上を向いて歩こう〟っていう歌あるよね。〝涙がこぼれないように……〟という歌、あれは〝眼球挙上〟の歌かもしれないね。これからも、何か大事な発見があったら教えてね……」。

そういうと森さんはケラケラと笑いだし、「わかった〜」といって電話を切った。

携帯を持たない生活実験

森さんのユニークな取り組みに「携帯電話の研究」がある。携帯電話から仲間に悪態をつくメールを頻繁に送ったり、ついには、ガラケイ携帯を真っぷたつにへし折ったりする〝爆発〟を時々起こしては、買い替えるということをくり返してきた森さんが、仲間やスタッフと相談をしながら対処方法を試した結果、最後に行きついたのが「携帯を持たない」というお母さんからの提案だった。携帯を持たない生活実験をはじめると途端に爆発が止まり、穏やかな暮らしが戻った。

そこで、私が考えたのは、実は携帯電話というのは、人によっては人間が本来持っている人と人との境界を曖昧にし、必要以上に負荷を与えているのではないかということである。というのも、そもそも統合失調症をかかえる人たちの中には「自我の障がい」（自分と他者との間に境界がないように感じたり、認識すること）をもったりしている人たちが少なくない。森さんのようなタイプの人が、他にもいて携帯の影響で生きづらさを増している可能性もあり、是非とも森さんの研究に期待したい。

これは、私の経験からもいえる。携帯電話を自宅に置き忘れ、一日携帯を持たないでいるとき、私は明らかに「自分」の輪郭を明確に感じ、自我の境界に守られ、包まれている感じがし、〝向谷地〟という看板の後ろに自分が隠れてのんびりとたたずんでいるような身体感覚がある。ところが、ひとたび携帯電話を手にすると、奥でのんびりしていた自分が店先に駆り出されて接客をしているようかのように常時身構えていることに気がつくのである。この身体感覚は、ぜひ、研究に値する現象である。

森さんの爆発の最大のメリットは、携帯というツールを持っていると、瞬時に、他者の自我領域に侵入し、爆発して相手の感情をかき回すことで〝濃厚なつながり感〟を満たすことができるところにあるのではないか。たとえば、通常は接点を持つことは不可能な芸能人や有名人とネットでつながり、ネガティブなメッセージを送り〝炎上〟させることで、何か社会の第一線で身体を張っているかのような〝誤作動〟的な充実感を得ることも可能になってくる。その意味で、森さんの携帯電話のエピソードは、現代社会に潜む人間のコミュニケーションのあり方と密接につながった深いメッセージ性を持っているように感じる。

社会全体のつながりの希薄さ

それは、亀井英俊さんが〝開発〟した「幻聴さん性格改造法」にも通じるものである。亀井さんは、悪口を言ってくる幻聴さんが、実は、自分の気分や思考とつながっていることに気づき、〝ほめほめ日記〟をつけて、ニヤッと笑って眠ると次第に幻聴さんの言動が柔らかく、聴きやすくなることを発見した。これは「思考化声」といって、考えていることが幻聴に影響を与えることはすでに医学的には説明されていたが、それを当事者自ら実証したことに意義がある。この亀井さんの発見によって、私の中に生まれた仮説がある。それは、統合失調症は、当事者の思考だけではなく、身近な人たちの言動や態度、場や社会にみなぎる空気そのものを取り込んでいる可能性である。その仮説からいうと、回復とは、決して病気をかかえた本人だけではなく、当事者を取り巻く人たちも「ともに回復する」というイメージが見えてくる。

病気の症状は、たとえば、幻聴さんに振り回されるタイプは、人間関係の希薄さを象徴した苦労と考えることができるが、それは、社会全体のつながりの希薄さを象徴したエピソードということもできる。また、自分の考えが周囲に〝サトラレ〟という辛さは、自分という存在の希薄さや役割のなさから起きる苦労で、〝病気さん〟が暴走的に勝手に周囲に〝売り込み〟を図っている状態と考えることができる。存在の希薄さと役割の喪失は、現代人の共通する〝病〟であり、当事者の苦労は、現代的なこころの危機を象徴する生きづらさとも言える。

そのように当事者研究を続けている中で感じるのは、統合失調症などの〝病気〟というエピソードの背後には、深い生命的なエネルギーの発露があり、病気という表に見える受け止めにくく、わかりにくいエピソードの裏側には人間として生きる生命的な水脈があるということである。幻覚や妄想という、とりとめなくわかりにくい世界に身を置き、そのわかりにくさゆえに、周囲とのコミュニケーションを絶たれ、孤立無援の中で日々を過ごす人たちにとって、当事者研究は暗闇に差し込んだ一条の光のようなもので、研究的な対話は、〝症状の檻〟からの脱却を助ける。

その意味で、森紀子さんや亀井英俊さんの当事者研究は、精神科病棟に〝治療困難事例〟として置き去りにされた仲間を助ける可能性をもったすぐれた研究実践の一つである。

6 無視、陰口現象

気分と体調を合わせた自己紹介

「それでは、これから当事者研究をはじめます」。

ひとりのメンバーが、開会のあいさつをし、当事者研究がはじまった。参加者は十五名ほどで、ホワイトボードを背に立っている私の前で椅子に座ったり、床の上に横になったり自由なスタイルで集まっている。

「皆さん、こんにちは。それでは早速、当事者研究をはじめたいと思います。今日は、はじめての方も何人かいらっしゃるようですから、何人かの人に自分なりに理解している当事者研究の紹介をお願いします」。

そう言うと、何人かのメンバーが手をあげた。「人と問題を分けて考える」「自分を見つめるのではなく、眺める感じで……」「仲間とのつながりが大切」……、板書を手伝ってくれるメンバーがそれをホワイトボードに書いてくれ当事者研究のキーワードが出そろった。当事者研究は、定まった定義や大切な事柄を覚えることではなく、自分なりの理解や感覚を大事にする。その意味で、当事者研究をする人の数だけの受け止め方や理解があるが、数を重ねていくと不思議とそこには共通性や法則性があることに気づかされる。その情報を多くの人たちに公開することで、当事者研究の循環は促進される。

「みんな、大事なことですね。それでは、時計回りで、いつものように、気分と体調を合わせた自己紹介をお願いします。もちろん、パスも、ニックネームもOKです」。

さっそく私の左隣に座っていたA子さんが自己紹介をしてくれた。「○○と言います。気分と体調は良くありません。こうやって座っているのもしんどいです。う〜ん……、当事者研究には、興味があります。今日は、よろしくお願いいたします……」。A子さんは、伏し目がちに絞り出すようにゆっくりと自己紹介をした。A子さんは、とにかく自分に自信がなく、みんなに不快な思いをさせ、迷惑をかけているという思いの中で暮らしてきた。道を歩いても、喫茶店に入っても自分の悪口や噂話をされているような圧迫感を、「死んだほうがましだ……」という思いに支配されることもある中で、当事者研究につながった経験をもっている。

みんなの拍手の後に、A子さんの隣に座っていた男性メンバーBさんに、「次、よろしくお願いします」と声をかけた。険しい表情で座っていたBさんは、少し、緊張した面持ちで自己紹介をした。名前だけを言った後、しばし沈黙したBさんは、明らかに苛立っていた。表情はこわばり、少し肩も小刻みに揺れている。そうすると、意を決したようにBさんは声を張り上げた。

「みんないい加減にしてくださいよ！　何で僕を無視するんですか！　陰口を言ったり、無視したり……、昔から、僕はいじめられてきました。だから、ここだけはそんなことはないんじゃないかと思ってきたんですよ。だけど、同じですよ。どうして、そんな仕打ちをするんですか！」。

Bさんの当事者研究

突然の発言に、一瞬、当事者研究の場は凍りつき、沈黙が支配した。すると、いっそうこわばり、床に目線を落とし必死に耐えるように座っていたA子さんがBさんの方を向き毅然とした口調で言った。

「すっ、……いませんけど、私はあなたを無視したり、陰口を言ったりした覚えはありません。私は、そんなことをしていません。勝手に決めつけないでください！」。

沈黙を破るように放たれたA子さんの言葉は、さらに当事者研究の場を緊張させた。その一言に反応したBさんは、険しい表情をA子さんに向け一喝するように言った。

「あなたが一番私を無視してるじゃありませんか！」。

それは、A子さんにとってあまりにも意外な言葉で、到底受け入れられるものではなかった。恐怖感を感じたA子さんは黙り込み、身体は小刻みに震え目からは涙があふれた。それを見て、私は言った。「Bさんにとっては、この場は無視され、相変わらず陰口をたたかれる辛い場所だということですが、ちょっとアンケートをとってみたいと思います。正直に手をあげてくださって構いません。〝A子さんが言うように自分はBさんを無視してはいません〟という方、挙手をお願いします……」。そう言うと、全員の手がサッと上がった。「みんな誤魔化してるんですよ。じゃ、何で私が部屋に入った時、目をそらすんですか、おかしいですよ！」。Bさんは、アンケート結果が腑に落ちないと反論した。

そこで、私はもう一つのアンケートを提案した。「それでは、もう一つアンケートをお願いします。〝自分も、人に悪口を言われている、無視されているような気がしたことがある〟という人」。すると、八割ちかい参加者の手が上がった。

その結果に少し戸惑ったような表情を見せたBさんに「苦労がはじまったのは、いつ頃からですか？」と訊ねてみた。するとBさんはポツリと「物心がついた時からです……」と言った。

これをきっかけにBさんの当事者研究がはじまり、ホワイトボードには、Bさんが経験した幼少時から現在までの「無視、陰口現象」をめぐる壮大な物語が展開された。

「こうやって、まとめてみるとBさんが、実に長い間、この現象に悩まされて、人間関係とか生活場面で苦労を重ねてきたことがわかりました。そればかりではなく、このことに、いろいろと考えて自分なりに対処もしてきた。でも、なかなかいい結果が出なくて、さらに孤立感を深めているという様子がわかったような気がします」。

すると、いつも換気扇からの幻聴さんに苦労しているY子さんが発言した。

「ごめんなさいね。私、Bさんがそんなふうに思っているとは知らないでいました。Bさんが、静かにしているので、話しかけちゃ負担になるかなって思っていました。これから、声をかけてもいいですか?」。すると、他の参加者も次々に発言した。「自分もBさんと同じような時期があったし、Bさんには声をかけていいのか自信がなかったんですが、これからは、遠慮しないで声をかけたいと思います」。

そうなのだ。当事者研究の実践知は、どんなことでも〝受け身〟ではなく、〝能動的〟に振る舞うことの大切さを伝えている。それは「理解されるよりも理解する者に、愛されるよりも愛する者に」という聖フランチェスコの「平和の祈り」にも通じた知恵である。

Bさんは、Y子さんや仲間の意外な声に返す言葉が見つからず黙ったままであったが、私には確実に心に響いているような気がした。

「Bさん、最初はちょっと緊張したんですが、勇気をふるって発言していただいてありがとうございます。お陰で、とても有意義な当事者研究となりました。どこかBさんは、言葉としては厳しい言い方でしたが、仲間を信じているからこそ思い切って話してみたんじゃないか、私はそんな気がしました。これからも、遠慮なく、お題を出してください。そして、この後、「無視、陰口現象」がどう変化したかについても報告をお願いします」。そう言ってBさんへの拍手で会は終了した。

Bさんから一つ離れた席に座っているA子さんの手にはハンカチが握りしめられ、その手には隣に座った女性参加者の手がやさしく添えられていた。

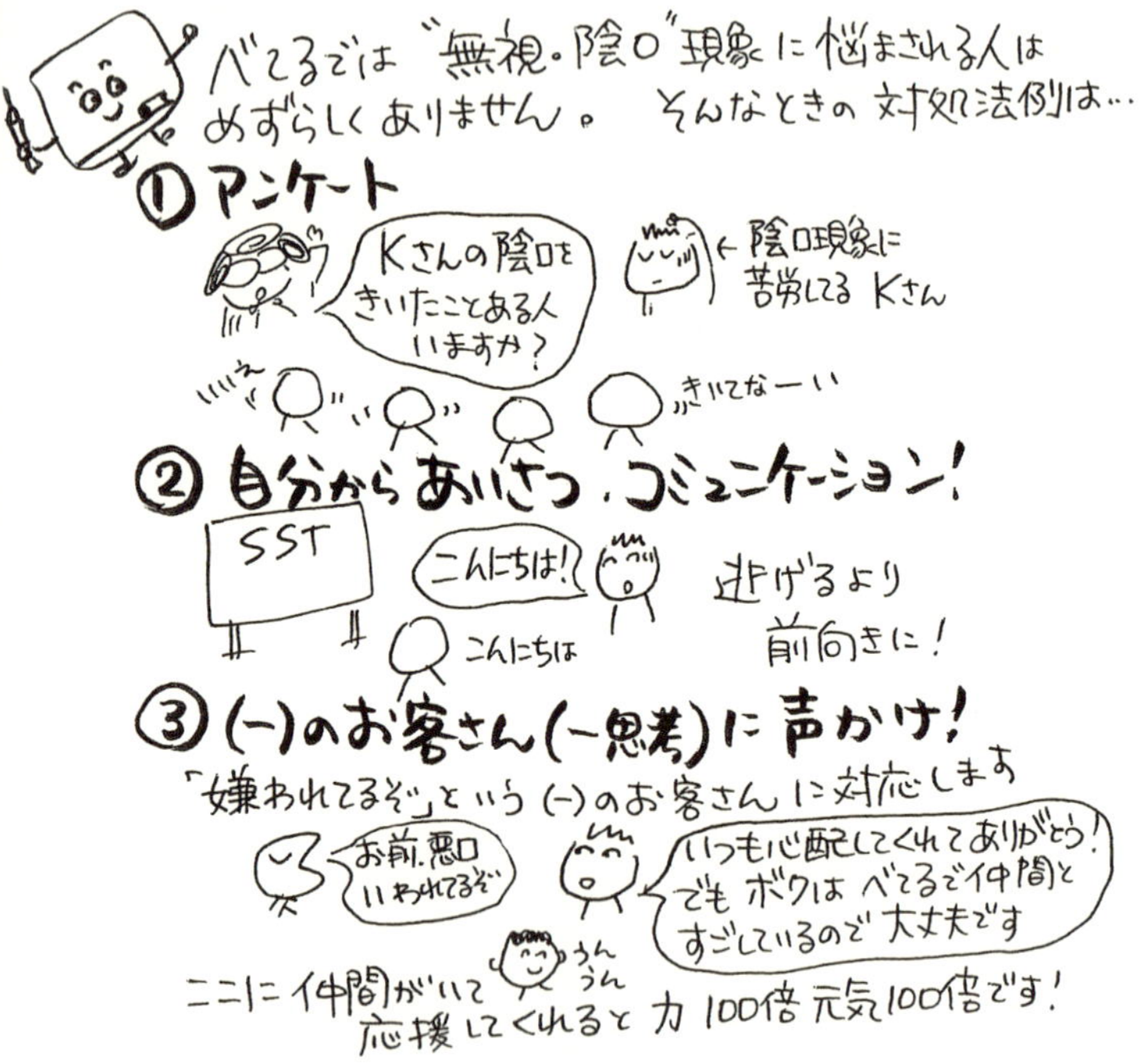
べてるでは"無視・陰口"現象に悩まされる人は
めずらしくありません。 そんなときの対処法例は…
①アンケート
Kさんの陰口をきいたことある人いますか？
←陰口現象に苦労してるKさん
いいえ
きいてなーい
②自分からあいさつ、コミュニケーション！
SST
こんにちは！
こんにちは
逃げるより
前向きに！
③(−)のお客さん(−思考)に声かけ！
「嫌われてるぞ」という(−)のお客さんに対応します
お前、悪口いわれてるぞ
いつも心配してくれてありがとう！
でもボクはべてるで仲間とすごしているので大丈夫です
うんうん
ここに仲間がいて
応援してくれると 力100倍 元気100倍です！

当事者研究をかねた実験

当事者研究が終わるとBさんが私に話しかけてきた。「今日は、ほんとうにすいませんでした。あんなことを言ってしまって……」。

私は言った。「とんでもありません。勇気を奮って話してくれたお陰で、みんなにとっていい当事者研究ができたと思いますよ。実は、A子さん自身が、人に陰口を言われている、嫌われているという圧迫感から、生きることに自信が無くなるほど辛い経験をして当事者研究に繋がった方なんですよ。もし、よかったら、A子さんにも今の言葉を言っていただけるといいと思います……」。

するとBさんは意を決したように「わかりました」といって、会場の片隅で涙を流しながら仲間とたたずんでいたA子さんに謝ることができた。

後日、当事者研究をはじめたA子さんからメールが届いた。

「カフェで、当事者研究をかねた、実験をしていました。自分のことを話している人がいるか、本当かどうかを、本を読むふりして周りに注意し、観察しました。今日の実験結果は、自分の誤解、思い込みだったことがわかりました。私のことを話していませんでした。実験は何回か続けようと思います。もう少し、死ななくてもいいかな、と思いたいです」。

7 良性の声

換気扇の声

当事者研究で知り合った統合失調症をかかえるY子さんから電話があった。「向谷地さん、この前はありがとうございます。向谷地さん、私、困ってるんです。換気扇が悪口を言ってくるんです……」。よく聞くと、換気扇ばかりではなく、冷蔵庫や電化製品から悪意をもった「声」がして居たたまれないのだという。

「それは、大変だ！　それにしても不思議だよね。声が聞こえてくる換気扇というのは、初めて聞きましたよ。何か、特別の装置でもついている？　ところで、その声の主はどなたなんですか、心当たりがあります？」。

するとY子さんは、誰かに聞かれることを恐れるかのような用心深い声で「ある宗教団体の回し者なんですよ……」と教えてくれた。その宗教団体が、換気扇に電波で声を送り、それを換気扇に仕込んだ機械が発信し自分を責めてくるのだとY子さんは説明した。

「わかりました。私もいろいろと背後関係を調べてみますので、一緒に対策を立てましょうよ。また、いつでも電話ください」。そう言うとY子さんは、ちょっとホッとしたような声で、丁重に「よろしくお願いします」と言って電話を切った。

するとY子さんは、今度はショートメールで、Y子さんはいろいろと情報を寄せてくれた。その中に、こんな問い合わせがあった。「向谷地さん、こんにちは、ちょっと確認ですが、今朝、換気扇から向谷地さんの声が聞こえてきました。何か、特別に細工かなんかをされましたでしょうか?」。それを読んで私は、単純に面白いと思い返信した。「そうでしたか、Y子さんのことを気にかけていたら、その気持ちがきっと飛んだんですね。〝換気扇さん〟の悪口から、Y子

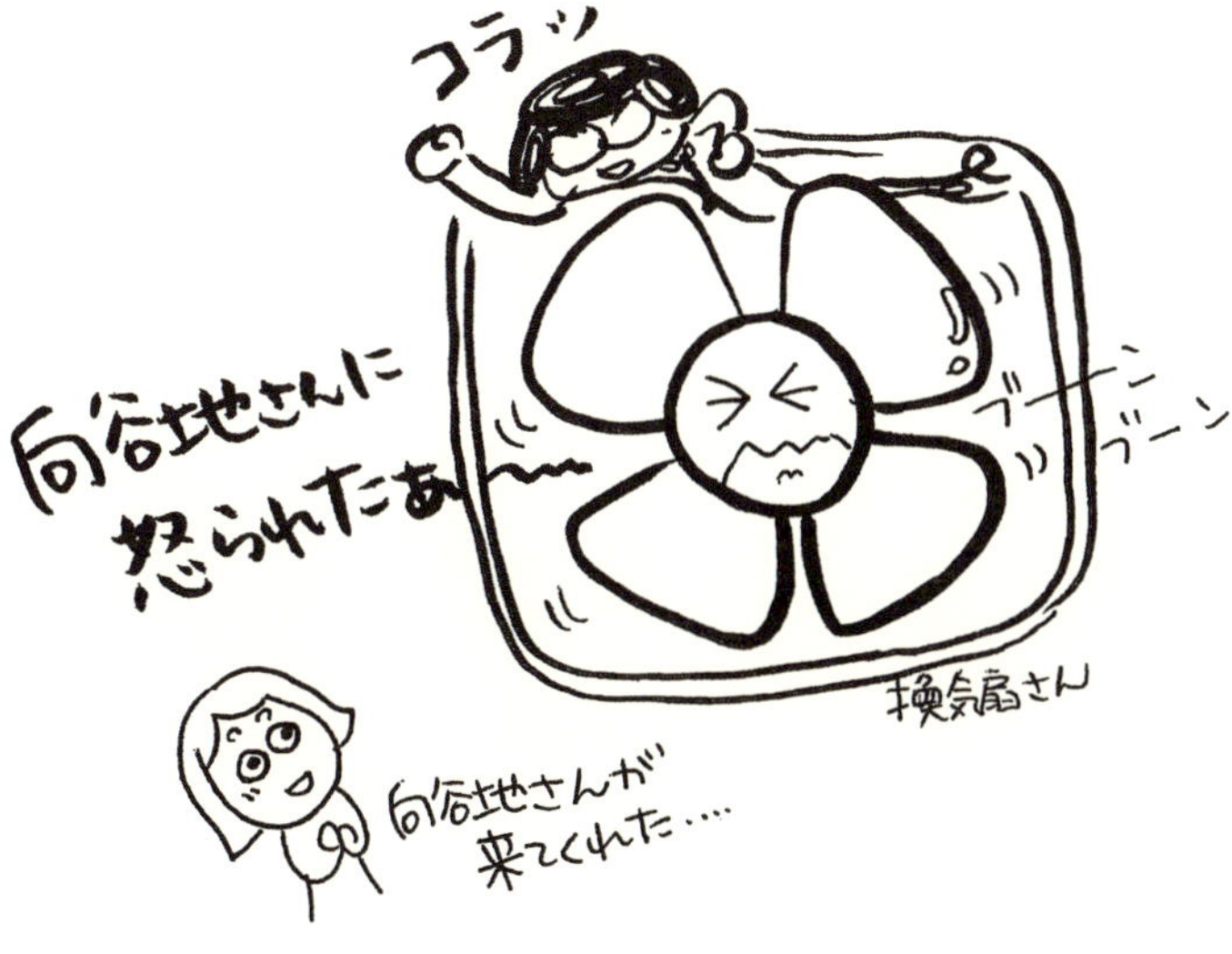

さんを何とか守れないか研究中ですので、よろしく！」。するとY子さんから少しして返信があった。「安心しました。換気扇さんが〝向谷地さんに怒られた〜〟って言ってます。ああ、ちゃんと向谷地さんがここに来てくれてるんだと思って良かったです……」。

面白い。〝私の声〟がついにY子さんの家の換気扇にまで届いたのだ。あれほどY子さんに襲いかかっていた換気扇の声が、弱気になり、私の声を気にするようになったのである。

このY子さんの〝換気扇さん〟のエピソードには、さらに後日談がある。〝換気扇さん〟から私だけではなく、主治医やソーシャルワーカーの声まで聞こえるようになり、守勢に立たされた宗教団体幹部の声は、めっきりと弱気で柔らかい内容に変わったのである。

特別な治療法

この事実は、スタンフォード大学の人類学者ターニャ・ラーマン教授等による「統合失調症をもつ人が経験する幻聴に関する研究」（「*The British Journal of Psychiatry*—2014/9」）の結果と見事に符合する。ラーマン教授の研究（統合失調症をもつアメリカ人、インド人、アフリカ人に聴こえる声の内容をインタビュー）によると、アメリカ人の幻聴の内容は、否定的で攻撃的な内容が多かったのに対して、インド人やアフリカ人の統合失調症者が聞いている声は、肯定的な内容が多かったというのである。そこで得られた結論は、「幻聴を経験した人たちが聞く声は、その変化は個人の社会的・文化的環境に影響を受けて形成されている」と考えられ、「特別な治療法＝多くの〝良性の声〟が、より良い経過および結果に貢献する可能性を示唆している」と結んでいる。この研究結果は、必要な時に必要な薬物治療をほぼ一〇〇パーセント受けられる経済力のある先進国よりも、貧しさのために薬物治療を十五パーセントしか受けられない途上国の回復率の方が高いという現状を説明する有力な根拠となりうるような気がする。その意味でも、当事者研究は、「特別な治療法」となりうる可能性を秘めている。

幻聴や妄想の内容の規定

珍しく泣きじゃくった声で、再びY子さんから電話がかかってきた。

「向谷地さん、助けてください！　ベランダから、悪い霊が入ってきて怖いんです。鍵をかけてるんですけど、勝手に入ってくるんです！」。

Y子さんが言うには、外出から帰って部屋に入ると、明らかに荒らされた跡があるという。「それは怖いねぇ、なんとかしなきゃね」。そう言って「正体不明の霊との付き合い方」をこれから研究することにした。そのためにも、苦労のデータ収集をY子さんにお願いをした。そして、私の提案として「わかりました。とりあえず、私もちゃんと見張って霊をブロックできる方法を試してみますから、よろしくね！」。そう言って電話を切った。

当事者研究の十五年の研究の蓄積による〝実践知〟が明らかにしていることは、幻聴や妄想のボリュームは、孤立感や孤独感に比例するということである。その孤独や孤立を解消するために〝妄想さん〟や〝幻聴さん〟は、本人にプレッシャーを与えて、人に相談したり、他人の手を煩わしたりする形で人とのつながりへの復帰を促すのだ。そのつながりの質が、幻聴や妄想の内容を規定していると言えるかもしれない。

二時間ほどして、私はY子さんに電話をかけてみた。「どうも！　向谷地です！　Y子さん、その後の〝霊〟は、どうなりました?」。すると、少し前の恐怖感によるパニックは収まっていた。「向谷地さん、ありがとうございます。電話の後、ベランダに壁ができて霊が入って来なくなりました。それで、安心しました。良かったです」。

それを聴いて私は、当事者研究のもつ世界観や独特の状況把握のしかたの中に、統合失調症をもった人たちの抱える固有の生きにくさを、生きやすさに変える大切なヒントがあるような気がした。

8 こどく島移住作戦

多飲水の研究

べてるのメンバーである太一さんは、「水の飲みすぎ現象（多飲水）」の研究に取り組んでいる。多飲水は、統合失調症をかかえる一割ほどの人に起きる現象で、文字どおり、水を強迫的に大量に飲むことで脳や心臓をはじめとする臓器にダメージが加わり、時には生命的な危機を招くこともある。その意味でも、あまり身体の心配はいらない精神科の病気の中では、一番現場を悩ませてきた症状の一つである。かつては病棟の中から「飲水」につながる水道の蛇口やトイレなどの設備を一切取り除いた特殊病棟を設置するという「水遮断療法」をした時代もあり、太一さんのような患者は、基本的に長期入院にならざるをえない状況にあった。

精神科治療の難題である「多飲水」をかかえる太一さんは、早坂潔さんたちが暮らす「元祖べてる」で暮らして五年が経つが、入居したころは、人との交流を絶ち、むさぼるように煙草を吸い、たりなければ街頭の〝しけもく〟探しに没頭し、そればかりでなく、買い物と飲水に時間を費やし、〝太一さんのお金には羽が生えている〟と言われたものである。

そんな太一さんも、今は、べてるの仕事に加わりながら、「多飲水の研究」に取り組んでいる。しかし、精神科治療の難しいテーマでもある「多飲水」の問題は、〝素人〟が扱えるような簡単な問題ではない。その証拠に、今までも専門雑誌に何度となく特集が組まれ、書店には、多飲水だけを扱った専門書が何冊も置かれているほどのテーマなのである。その難題に、当事者研究が果敢に挑戦しているのである。

共通の苦労の循環

周知のように、当事者研究は、いわゆる〝問題をかかえた人〟自身が、主体的に仲間と共に自分のかかえる苦労の研究者となって日々、データを取り、それを読み取り、何が起きているのかをいろいろな切り口から考え、策を模索する。その研究のプロセス自体が、つながりの回復や、人としての生きやすさの土台作りにつながっていく。

多飲水を抱え、水を飲む衝動に駆られながら太一さんは、べてるで仕事を続け、毎週月曜日には、コツコツと研究報告を続けている。その研究でわかったことが、直接の飲水のきっかけが、身長一七六センチのアニメの〝ピカチュー〟にも似た幻聴さんの存在であった。浦河に出没する幻聴さんということで、太一さんに「ウラチュー」と命名された幻聴さんは、彼の後ろでつぶやくので

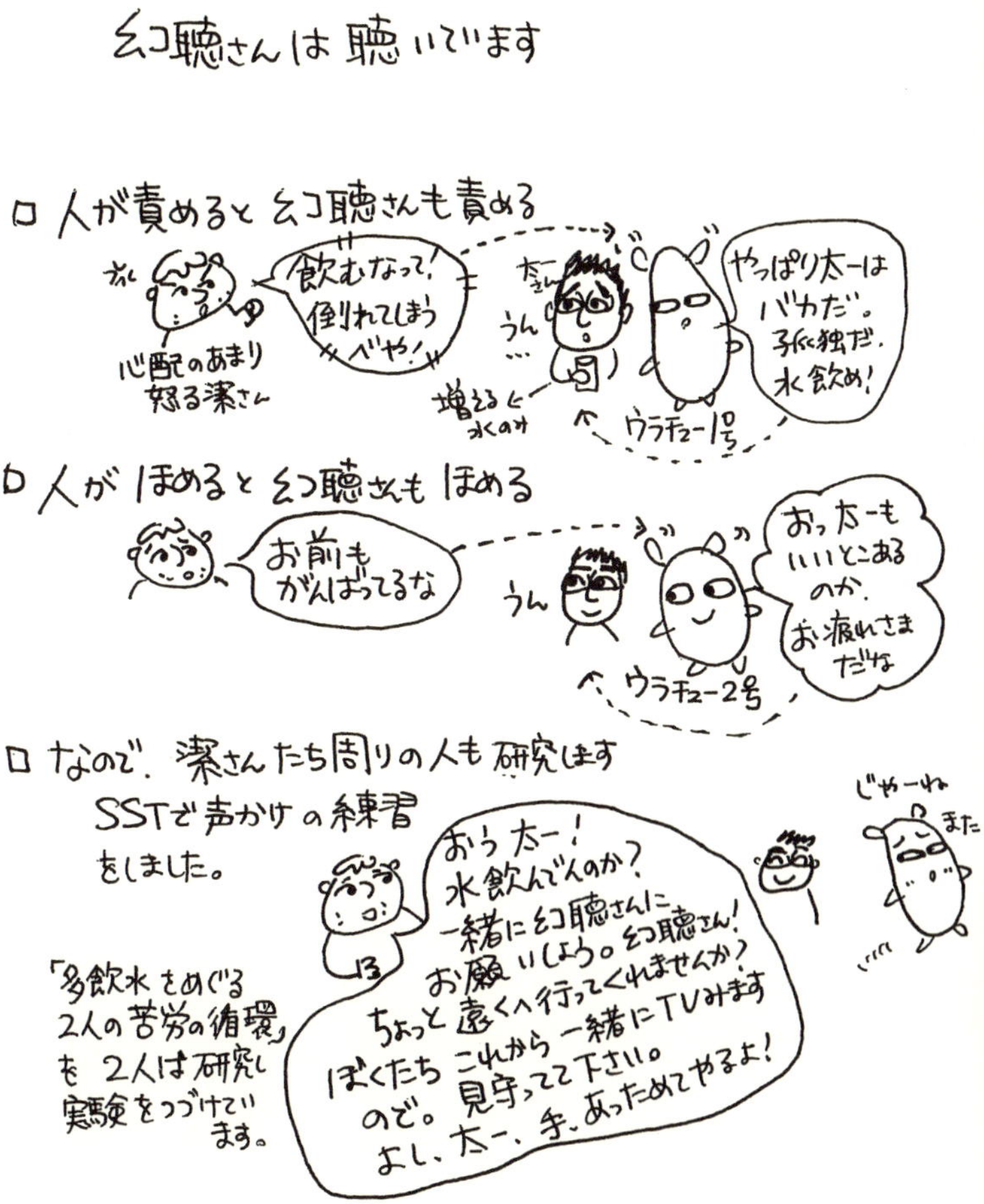
幻聴さんは聴いています
□ 人が責めると幻聴さんも責める
飲むなって! 倒れてしまうべや!
心配のあまり怒る潔さん
太一さん
うん…
増える水のみ
やっぱり太一はバカだ。孤独だ。水飲め!
ウラチュー1号
□ 人がほめると幻聴さんもほめる
お前もがんばってるな
うん
おっ太一もいいとこあるのか。お疲れさまだな
ウラチュー2号
□ なので、潔さんたち周りの人も研究します
SSTで声かけの練習をしました。
おう太一! 水飲んでんのか? 一緒に幻聴さんにお願いしよう。幻聴さん! ちょっと遠くへ行ってくれませんか? ぼくたちこれから一緒にTVみますので。見守ってて下さい。よし、太一、手、あっためてやるよ!
じゃーね
また
「多飲水をめぐる2人の苦労の循環」を2人は研究し実験をつづけています。

ある。「もっと派手に生きろ〜」「認められてないぞ〜」と。その声は、私たちには想像できないほどのパワーでもって太一さん自身の存在を脅かす。その〝ウラチュー〟のパワーを弱める方法として太一さんが〝発見〟したのが、「水を飲むという対処法」だった。しかし、先に紹介したように、効果以上に、心身に深刻なダメージも与えるというイタチごっこが続いているのである。

その太一さんが、今週も月曜日の午前中にべてるでおこなわれている当事者研究に、トレードマークのリュックを背負ってやってきた。私が、「今週のコンディションは？」とマイクを向けると「いや〜、ダメですね。相変わらず水を飲んでますね」と困ったような表情で報告をした。

面白かったのは、実は太一さんの研究報告の前に、同じ住居で暮らす早坂潔さんが「俺も研究したいことあるんだけど」といってお題をもってきたことである。そのテーマが「太一さんにやさしく接するには」であった。「どうしても、水を飲む太一君を怒ってしまって、それを研究したいんだけど」という潔さんの研究のテーマを聴いて、私は潔さんの着眼点の鋭さに感心をした。それは、当事者研究の醍醐味は、実は人を変えるためにあるのではなく、自分が変わるためにあるからである。

そこで、わかったことがある。今までの研究でも、太一さんのウラチューは、周りの人に叱られたり、注意されたりすると逆効果で、ますます増強し、余計に水を飲まざるをえなくなること。そして、ウラチューを誉めたり、前向きな声掛けをすると、太一さんを誉める〝ウラチュー2号〟が現れ、育ち始めるという面白い現象が起きる。ところが、周りはどうしても飲水をする太一さんの行動だけが目に入り、「注意する」という言動に陥る。そうすると、〝ウラチュー2号〟は、姿を消し、〝ウラチュー〟が暴れまわるという図式である。つまり、潔さんの発題でわかったことは、「飲水が止まらない」太一さんと、「注意が止まらない」潔さんをはじめとする周囲の人たちとの間には、共通の「苦労の循環」が起きていたのである。

太一さんの無人島

しかも、興味深かったのは、「統合失調症無人島漂流型」の自己病名をもつ太一さんの「無人感」は、当事者研究を続けていながら、ほとんど変化がなく、今日も無人島で一人孤独な生活を続けている感覚が続いていることである。しかし、その日の研究でわかったのは、その無人島は、島流しにあったようにして住み着いた島ではなく、「人と交わることが苦手な自分の居場所」として、探し当てた島だったことである。

「太一さん、今日はいろいろと発見があったね。ところで、その島に、この際、名前を付けてみない?」。そう言うと、太一さんは「〝こどく島〟がいいですね」と、恥ずかしそうに命名をした。

「皆さん、今日は、ずっと孤独な生活をしてきた太一さんの無人島に〝こどく島〟という名前が付きました。私は今度、その島に行ってみたくなりました。太一さん、お邪魔していいですか?」。すると太一さんは、嬉しそうに「いいですよ」と言った。

「皆さん、この際〝こどく島〟に、みんなで移住するというのはどうでしょう。我こそは、移住したいと思う人は、手をあげてください！」。

すると、「ハーイ！」という声と共にみんなの手があがった。

「太一さん、こんなに移住希望者がいます。これからは、私たちも〝こどく島〟の住人としてよろしくお願いします」。

9 けんさんの旅立ち

石井健さんの訃報

二〇一六年六月五日のことだった。十和田市（青森）にある母教会の新会堂建築と創立八十周年記念の礼拝に出席するために帰省していた早朝に、べてるのスタッフから緊急の連絡が入った。それは、石井健《けん》さんの訃報を伝える電話であった。石井さんは、その日の朝、仲間に看取られながらべてるの住居で七十四年の生涯を閉じたのだった。

石井さん（享年七十四歳）のことは、「けんさんの洗礼」八〇頁でも紹介したように、二〇一四年の秋、突然、いつになく神妙な面持ちで同じ住居（元祖べてる）で暮らす早坂潔さんに「神さまになりたい……」とつぶやいたことをきっかけに、二〇一四年十一月九日（日）に寺田眞英牧師の司式により洗礼を受けるに至ったばかりであった。石井さんは、その後も笑ったり、怒ったりの気分のアップダウンが続いたかと思うと、肺炎を患い内科への入院をくり返していた。肺炎での入院を余儀なくされたとき、石井さんが付き添っているスタッフに心細そうに「おれ、死ぬのか……」

と呟いたという。「うるせい！」「馬鹿野郎！」が口癖の石井さんは、大の寂しがりやでもあった。

その石井さんに、この春、がんが見つかった。舌癌であった。以前であれば、精神状態を考えると精神科に入院し、がんの治療を受けるという流れになったかもしれない。しかし、二〇一四年に精神科病棟が休棟になって以来、川村敏明先生が診療所を立ち上げ、べてるも訪問看護ステーションをスタートしたばかりではなく、教会員でもある八十川武明（内科医）・真里子（児童精神科医）夫妻が、町内に診療所を開設するなど、急速に地域ベースで治療やケア体制が整備されなかで、私たちは石井さんのべてるでの「看取り」を心に決めていた。

べてるをべてるにしてくれた功労者

石井さんの前夜式は、七日の夕方、町内の葬祭場を会場に、この春、浦河教会に着任したばかりの五味一牧師の司式によって執り行われ、讃美歌が流れる会場には、トレードマークであったキャップを被り大笑いをする石井さんの遺影が飾られ、百人を超えると思われる関係者が集った。私はその場にたたずみながら、べてるの「問題だらけの歴史」を担ってきた象徴的な存在でもあった石井さんとの三十年の日々に思いを馳せていた。

前述したように、石井さんは、軍人であった父のもとに生まれ、家族で満州にわたったその年に太平洋戦争が勃発し父親は戦死。その後の敗戦とソ連の参戦という混乱の中で在留邦人は迫害と飢餓に苦しめられ死線を彷徨い、多くの尊い人命が失われる中で石井さんは中国人と再婚した母親と共に現地に残留することを選択した。しかし、石井さんは中国人を迫害した日本人の子どもということでいじめを受ける中で、逃れるように中学一年生の時に憧れていた日本に単身帰国を果たした。その石井さんを待っていたのは統合失調症の発症であった。

山梨県の故郷でも居場所を失った石井さんは、さまざまな職業を経たのち、北海道・室蘭に渡り、そこで運転手として働き、三度の結婚、離婚を経て、べてるのある日高の精神科病院に入院となり、べてるにつながった。多くの場合、石井さんのようなタイプは、再発するごとに幾多のトラブルを経て家族や友人との別離をくり返し、最後には絶縁状態になって誰にも看取られることなく「無縁仏」として葬られる人が多い。亡くなる直前にも、マイペースで、気に入らないと直ぐに声を荒げる石井さんとのかかわりに行き詰まりを感じたスタッフから悲鳴にも近い声が私のもとに届いていた。日曜日の礼拝でも、説教する牧師の傍らで、大声で演歌を歌ったり、礼拝堂の中をぶつぶつ一人ごとを言いながら歩き回り、時には床に寝そべる石井さんの姿があった。

そんな石井さんの前夜式に百人を超える人たちが集っている。問題だらけで、苦労の多い人生だったけれど、にもかかわらず、人の縁がつながる社会、そう考えたとき、私はこれこそが本当の地域社会のあるべき姿だ、と石井さんを通して教えられたような気がした。

その意味で、石井さんは、まさに「べてるをべてるにしてくれた功労者」である。一番最初は潔さんである。私たちの起業プロジェクトに一番最初に与えられた人材が、一番気が弱くて、一番仕事に向かないと思われていた潔さんだった。潔さんという人材を得ることで、「信じる、認める、任せる」ことの鍛錬ができた。そして私たちがどん底に落ちたときの立役者が石井さんだった。石井さんが親会社と喧嘩をして昆布の仕事を引き揚げられるというアクシデントがあって私たちは自立することができた。そこで学んだことは、いろいろ壁にぶつかってもそれは決して限界ではなく、その絶望から可能性や希望を見出していく「べてる流のしたたかさ」である。

勇気を出すことの大事さ

前夜式の最後、主治医であった川村敏明先生が挨拶に立った。

「僕は今日、石井さんを振り返ってですね、皆さんに披露したいもう少し大事なことがあるんです」と言って話し始めたのは、現在二十一歳になる息子(義和君)から最近聞かされたというエピソードであった。内容は、息子さんが小学校の頃のエピソードである。小学校の体育の時間だったという。グランドで授業をしているとそこに石井さんが入ってきたらしい。当時、学校は、いわゆる不審者に敏感になっていてすごく警戒する雰囲気があった。そういう中で、いかにも不審者っぽい石井さんが入ってきた時、息子さんはすぐに「あ、石井さんだ」ってわかったという。しかし、同時に「自分が行って声かけたら、同級生の同じクラスの人から〝お前なんであんな変な人知っているんだ〟と言われ、自分がバカにされるんじゃないか」と思って声をかけるかどうか迷ったという。「うちの

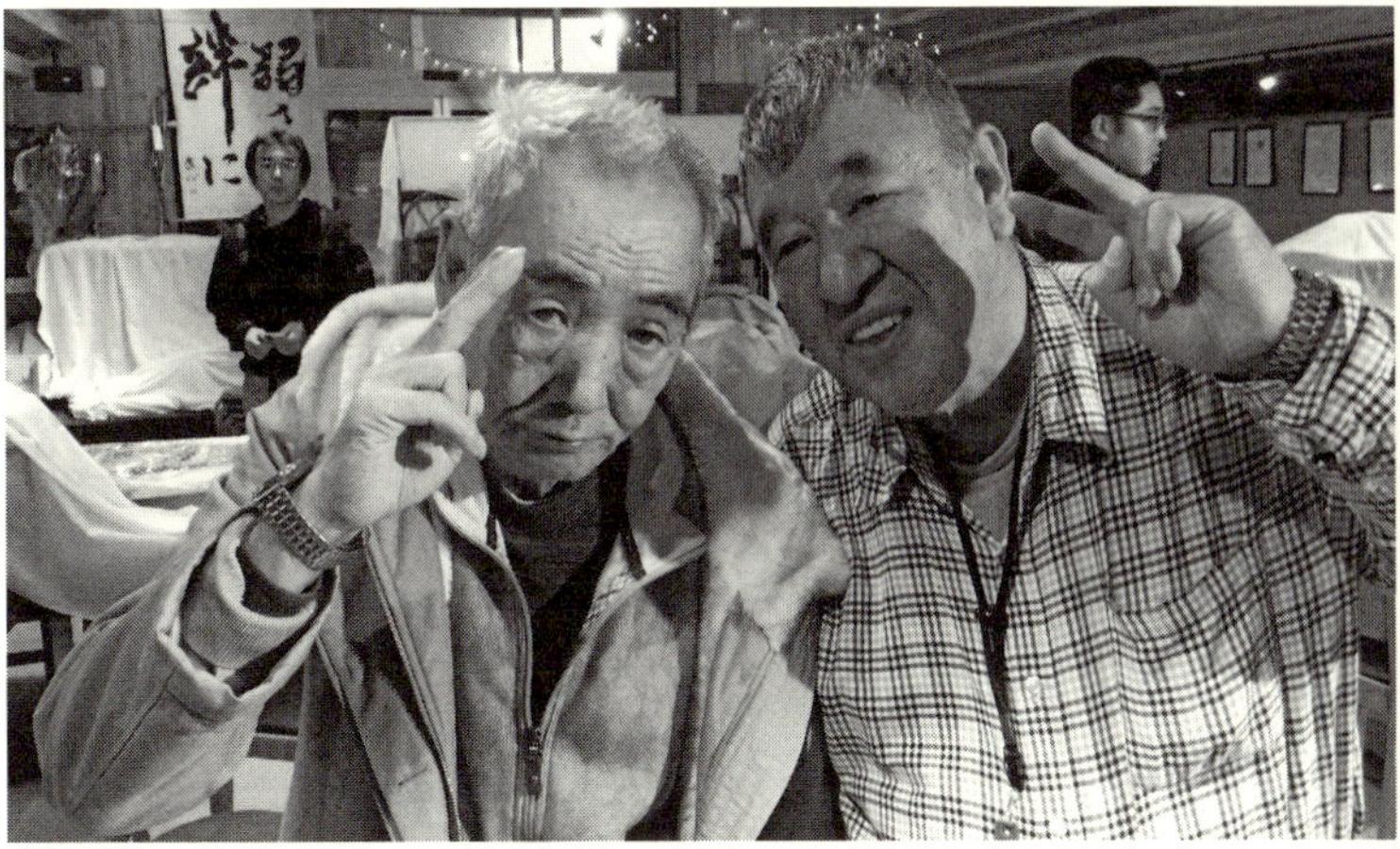

よっちはですね、えらいんです。勇気を出したんです。あの人知っているんだけど、話をしてきていいですかって、先生に許可を得て、自分がバカにされるかどうかの心配は脇に置いて、石井さんのところに行って〝石井さん今授業の時間だから〟って、話をしたら、石井さんはちゃんと帰ったんだよ」。この話は、はじめて聞く話だった。そして、先生は最後にこう結んだ。

「うちの小学生の子どもに、こういう勇気を出すきっかけをつくってくれた石井さん。石井さんは〝不審者〟の身でありながら、勇気を出すことの大事さを教育した石井さんに感謝したい」。

そんな先生の言葉に、会場はどっと沸き、胸には熱いものが込み上げてきた。石井さんの遺影に目を向けると、大きな口を開けて笑っている石井さんがひとり呟いているような気がした。

「うるせいじゃ、この野郎！」。

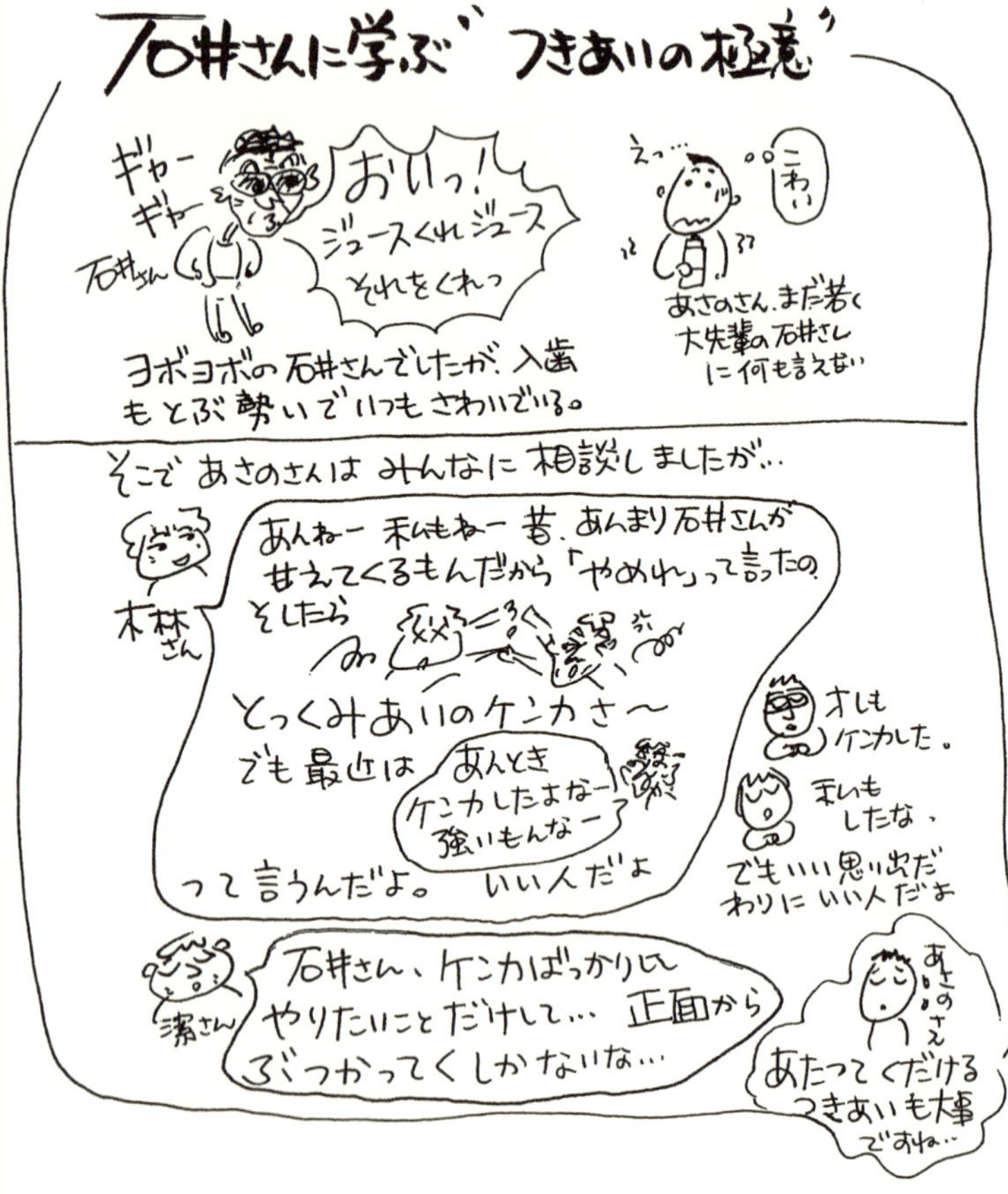
石井さんに学ぶ"つきあいの極意"
ギャーギャー
石井さん
おいっ! ジュースくれジュース それをくれっ
えっ…
こわい
あさのさん、まだ若く大先輩の石井さんに何も言えない
ヨボヨボの石井さんでしたが、入歯もとぶ勢いでいつもさわいでいる。
そこであさのさんはみんなに相談しましたが…
木林さん
あんねー 私もねー 昔、あんまり石井さんが甘えてくるもんだから「やめれ」って言ったの。そしたら
とっくみあいのケンカさ〜
でも最近は
あんときケンカしたよなー 強いもんなー
って言うんだよ。 いい人だよ
オレもケンカした。
私もしたな。
でもいい思い出だ わりにいい人だよ
石井さん、ケンカばっかりじゃ やりたいことだけして… 正面からぶつかってくしかないな…
あさのさん
あたってくだけるつきあいも大事ですね…

10「ごめん、ひろとさん」

ひろとさんの突然の訃報

ひろとさん、あなたの突然の訃報をきいて愕然としました。その一報をきいて私の胸に迫ってきたのは「ひろとさん、ごめん」という一言でした。そして、その一言がとめどなく脳裏を駆けめぐり、退院をめざしていたあなたの無念さに思いを馳せたときに、申し訳なさで胸がいっぱいになりました。

私は今でもあなたには二十年を超える入院なんて必要がなかったと思い、後悔と無力感に襲われることがあります。しかし、退院を考えようとしたとき、すでにあなたの身体は、地域での暮らしには耐えられないと言われていました。でも、病棟で会うたびに、あなたは口癖のように「僕が退院するときには、りっぱなマンションをご用意願います」と私に頼んできましたね。だから、二年前、病棟を閉じるときにも、他の仲間のように一日でも退院をさせてあげたかった。それも、叶わないままに、あなたは転院を余儀なくされ、ときどき弱った心臓の治療のために内科の病院に入退院をくり返していることを聞いていました。

ひろとさん、ごめん。一日でもいいから、「マンションに退院」という夢を叶えてあげたかった。

銀行に勤めているときに統合失調症を患い、それが縁で回復者クラブどんぐりの会のメンバーとなり、今のべてるの活動の礎をつくったひろとさん、この三十年を振り返って、あなたとの間にはいろいろな思い出があります。

べてるの活動がはじまる前から回復者クラブ活動の有力メンバーとして、数少ない車の運転役としてカローラに乗り、仲間の送迎や教会の行事、時には得意なギターをひいてみんなで歌ったゴスペルフォークが忘れられません。べてるが、昆布の下請けの仕事を断られてしまい、残っていた昆布の切れ端をはさみで細く刻み、だしパックに詰めるというアイデアを思いつき、それを売り出しました。しかし、その作業は大変で、みんなは手に血豆をつくりながら作業をしていました。

そんなとき、〝きざみ昆布〟の存在を教えてくれ、ひろとさんが紹介してくれた加工場と取引するようになり、今は多くの注文にも対応できるようになりました。また、金欠に苦労する仲間のために、「お金を貸します、苦労も貸します」をモットーにべてるバンクを設立した際には、初代頭取にも就任され、多くの仲間を助けられましたね。

「幻覚＆妄想大会」の実行委員長

ひろとさんの存在が一番輝いたのが、〝べてるまつり〟のメインイベントである「幻覚＆妄想大会」の実行委員長の役割でしたね。「ハ〜イ、今年も幻覚＆妄想大会がやってきましたねぇ」というゆっくりとした言い方ではじまる光景が今も忘れられません。そして、自ら七百二十一人の幻聴さんとお付き合いをして、ひろとさんが行く講演先には、飛行機の翼にたくさんの幻聴さんがしがみつくようにして〝同乗〟し、その話題が講演先でも大うけでしたね。ひろとさんのマスコットといってもいい、羽の生えた幻聴さんをかわいがり、「もしよろしかったら、一匹、お持ち帰りください」

〈大崎さんの幻聴さん〉画：大崎さん

という独特のユーモア精神は、べてるの伝統となって今に引き継がれています。

ひろとさん、ごめん。あなたのような身体に持病を抱える人でも、安心して暮らせる場をもっと早くつくればよかったと思っています。

日赤病院の精神科が二年前に閉じられ、入院していたひろとさんは、やむなく隣町の病院へ転院となってからも、何とか退院した多くの仲間は、時々、調子を崩しながらも今日もべてるのメンバーとして働いています。今までだったら、入院してもおかしくないような状態の人でも、仲間やスタッフの力を借りながら、回復し、地域で暮らせる時代がやってきました。でも、まだまだ、私たちには経験と知恵がたりません。私は、だから本当はひろとさんと一緒に、その知恵を一緒に探したかったし、もっと一緒にそのために汗を流したかったと思います。

ひろとさんという存在

ひろとさん、早いもので、出会ったとき、お互い、まだ二十代の若者でしたね。同い年の早坂潔さん、木林美枝子さんも一緒に還暦を迎えました。今年は、苦楽を共にした服部洋子さん、石井健さんも天国に先だちました。だから、今年はひろとさんの訃報は、一段とこたえました。

でも、私たちは、悲観していません。先だった仲間といまもずっとつながっているような気がするからです。ひろとさんと過ごした一コマ一コマの時間が、あなたという存在が、私たちの命の一部となって、自分たちを生かし、助けられているような気がするからです。

ひろとさん、ごめん。何度も言って申し訳ないけど、本当にごめん。

退院というひろとさんの願いを果たせなくて、本当にごめん。そう言うと「そんなことないですよ」というあっけらかんとしたひろとさんの声が聞こえそうです。

ひろとさん、だから、少し気を取り直してひろとさんの声をいつも思い出しながら、他の病院で退院を待っている仲間のためにも、今日も受け皿づくりに汗を流し続けたいと思います。

だから、そんな私たちを先だった仲間とともに見守り、遠慮なく叱咤激励をお願いします。

最後にひろとさん、本当にお疲れさま。そして、ありがとう！

第3章 社会の中の当事者研究

1 地域移行

病床転換型地域移行

今、精神保健福祉の領域で大きな議論になっているのが「病床転換型居住系施設」問題である。それは、厚生労働省が最近、一定の条件を課しながら精神科病床の一部をそのまま「居住施設」に転換することを認める方針を明らかにしたことに端を発している。もし、これが実現すると、数字的には三十五万床(世界の精神科病床の二割!)にも及ぶ精神科病床は、またたくまに〝削減〟されたことになる。しかし、すでにある精神科病棟の一部の看板を「居住施設」に書き換えるだけの「地域移行」〝もどき〟には、各方面から反発の声があがっている。

素朴な疑問の一つが、一九六〇年代から世界の潮流が精神科病床の削減に向かったのに対して、なぜ日本だけが増床を続けたのか、である。しかも、一九六八年にWHOから派遣されたクラーク博士が、日本の精神医療の現状を垣間見て「入院中心から地域中心」とそれを実現する国の施策の方向性を勧告したのにもかかわらず、それをまったく無視した形で、民間主導で増床を続けた背景には、この問題に対する政治家ばかりではなく国民全体の〝偏見〟がある。そして、ようやく「地域移行」を推進する国の取ろうとしている施策の骨格が、四十六年前の「クラーク勧告」に示された内容と重なるのは、何とも言いようのない恥ずかしさと無念さを覚える。

この後戻りできないほどに肥大化した問題の背景には、日本の精神医療が早くから民間に〝丸投げ〟されてきたことと関連している。これが、諸外国との一番の差である。諸外国は、精神保健福祉を国の責任で推進し、方針の転換も容易であったのに対して、民間に丸投げしてきた日本の精神医療は、常に病院経営というそろばん勘定との兼ね合いが邪魔をし、つねに「病院経営に差支えない範囲での退院」という見えない歯車のジレンマをかかえ、長期入院を解消しようと熱心に取り組むソーシャルワーカーは、経営者の顔色を伺いながらの退院支援を余儀なくされてきた。そこで出てきた苦肉の策が「病床転換型地域移行」である。

専門家の判断と当事者の希望との落差

この問題には、見る角度によって大きな〝見方の違い〟がある。以前、精神科病院に対しておこなった調査では、入院患者のうち、地域に受け皿があれば退院可能な患者の割合が約二割であった。数にしておよそ七万人である。しかし、私が病院で働いていた当時の実感では八割が退院可能と思い、その落差に戸惑いを感じたことがある。最近の精神科病院協会の調査でも、同様のデータがあり、八割は病状等の関係で退院は困難とされているのである。今回の「病床転換型居住施設」は、その八割の〝退院困難な人たち〟の〝取りあえず〟の地域移行を考える中で生まれた策ということになる。しかし、一方では、入院患者を対象にした国の調査では、七割もの人たちが退院したいという希望をもっている、というデータも明らかになっている。つまり、今回の問題の根本は、「退院困難」という専門家の判断と、「退院したい」という当事者の希望との著しい落差をどのように解釈するかということに尽きるように思う。

結論を言うと、私は「退院は困難」という専門家の判断以上に、「退院したい（退院できる）」という当事者の〝見立て〟の方が、実は的を射ているような気がする。

しかし、「地域移行―退院」というのは、単に地域に受け皿があれば成立するという簡単なものではない。なぜならば、長期入院問題は単なる精神科病院の経営問題と医療体制だけではなく、むしろ福祉的な支援体制も含めた地域社会のあり方の両方の現実が複合して起きている問題でもあるからだ。その意味では、入院生活の中にある小さなコミュニティーが癒しの空間にもなりうる。当事者研究仲間の西坂自然さんの書いた文章の中に、こんな入院風景が描かれている。

「入院している患者さんたちは、男女それぞれ年齢もバラバラで病名も今までの経歴もそれぞれ異なっていたが、苦労を抱えていることは共通していた。うつ病の人、失恋して事故を起こして強制入院した人……、統合失調症、自殺未遂、アルコール依存症……、その中に比較的元気な患者さんが八人ほど集まるグループがあった。私も最初はその仲間にふとしたきっかけで誘われて加わったが、私はなぜかその仲間にすんなり馴染んでしまった。そして、それぞれに苦労を抱えていたけれど、苦労を抱えていればいるだけ、みんな優しくて温かいように思えた」。

この西坂さんの綴りから、人によっては、不自由な入院生活も、仲間と共にいるというかけがえのない空間であることがわかる。その意味では、一見自由な地域生活は、常に孤立と孤独のリスクを抱えている。

人の生きやすい場づくり

西坂さんの続きの言葉が面白い。

「ある時、自殺未遂で入院している人が入院にいたるエピソードを話してくれたことがあった。『すごく思いつめて橋から川に飛び込んだんだ。でも苦しくてつい泳いでしまったのさ。そしたら俺は泳ぎがうまいから岸まで泳ぎついちゃったんだよね。それで通りかかった人に通報されて入院してしまったんだ』と彼は話して、そこにいたメンバー全員が大笑いになった。私はその時心の中で、彼が橋まで行って川に飛び込む様を思い浮かべて『さぞつらかったろうなあ』と思ったが、それでも話を聞いたらやっぱり笑ってしまった。でもその笑いは冷たい嘲笑でなく、温かい笑いだった。

彼が苦しかったことをみんなが一緒に感じながら笑っているようだった。心の中で悲しみを分け合いながら笑っている感じがし、その場にいて気持ちが温まる感じがしたのを覚えている。そし

〈横山さんのピアサポート賞受賞時〉
1曲歌います
両手を回して―
帰ろー
揺れながら
涙の中を
たった1人で―
あれから37年…
感無量…
若かりし
向谷地さんも
うつってる
若～い
横山さん
← まつりの会場のスクリーンには
37年前に 入院仲間と河原で
ギターをひいて歌をうたう 横山さん
の写真が うつしだされました。

て、私はその時に初めて『ああ、自分はこの仲間の中にいたら病気が治るかもしれない』と思った」（西坂自然「安心して絶望できる人生―人格障害の研究」）。

私は、この入院生活の中で培われた睦まじいこのコミュニティーを地域の中に〝移植する〟ことが、地域移行のポイントだと考えてきた。べてるの歩みとは、入院したら落ち着くメンバーが、退院したら体調を崩すという「回転ドア現象」を防ぐ手立てが、〝人の生きやすい場づくりである〟という古典的な命題への挑戦の歴史でもあるからだ。その歩みを私たちは「里山」に例えてきた。荒れ果てた山に木を植えて、林ができて森になり、小川が流れ、そこにさまざまな生き物が棲みだして、麓に暮らす人々も森の恵みをいただきながら共生して暮らすイメージである。

二〇一四年の「べてるまつり」のステージに、浦河という地域が、森になってきたことを象徴する光景があった。今年の春、四十年にも及ぶ入院生活にピリオドを打ち横山譲さんをはじめとする五人のメンバーが地域のグループホームに退院を果たし、べてるにも通うという〝奇跡〟が実現したからだ。当日は、五人が「幻覚&妄想大会」の舞台に上がり、退院にこぎつけるまでの仲間同士の支え合いを讃え「ピア・サポート賞」を受賞した。圧巻だったのは、メンバーを代表して横山さんが、十八番である三橋美智也の「星屑の街」を熱唱した場面であった。「両手を回して　帰ろ　揺れながら　涙の中をたった一人で……」。

三十六年前、すでに長期入院中であった横山さんたちが、安心して暮らせる地域をつくろうとはじまった取り組みが、長い年月を経て「里山」の輪郭を見せてくれたような気がした。

2「人の森」で「人になる」

退院とは仲間との決別

新しい年（二〇一六年）を迎え、べてるにも興味深い変化がいくつか起きていることに気づかされる。その一つは、何といっても日高昆布の産直などを扱い法人本部もあるべてるの中心拠点である「ニューべてる」に横山譲さんがいることである。べてるにお邪魔すると、いつも入口付近に体育座りで腰を下ろし、ゆっくりと煙草を吸う髭の横山さんが居る。

一九七八年四月、地元にある病院の精神科専属のソーシャルワーカーとして就職した当時、すでに入院中であった横山さん（二十代の青年）と出会ったときに、「目標は横山さんたちが退院できて、暮らせる地域をつくること」と願った風景が、いまここに実現している。このあまりにも当たり前の光景が実現するまでに、四十年近い歳月を経たことになる。

横山さんの退院は、かつては一三〇床あった精神科病床を五〇床に減らしてもなおベッドが埋まらず赤字続きであったという経営上の問題がある。これは、べてるの活動の活発化と無縁ではない。それに医師、看護師不足も追い打ちをかけて休床に追い込まれ、横山さんをはじめ長期入院の患者の多くは退院を〃余儀なく〃されたのである。だから、そのような事態に至らなければまだ入院していたかもしれない。そう考えると、正直、暗澹たる思いに駆られる。しかし、スタッフも長期入院の人たちを目の前にして手をこまねいていたわけではない。幾度となく退院にチャレンジしたにもかかわらず、「お願いです。退院させないでください」と懇願され、何とか形ばかりの外泊の延長のような退院にこぎつけても「早く、病院に戻りたい」という希望に押し切られるように入院は継続されてきたのである。

昨今、遅ればせながら、国も「入院生活から地域生活へ」というスローガンをかかげ「地域移行」という名の退院促進事業に力を入れるようになったが、単純に地域に「住宅」という受け皿があれば実現するものではない。人生の大半を精神科病棟で過ごした人たちには、病棟という生活空間の中にも、独自のコミュニティーがあり物語がある。以前紹介したように、札幌で活躍しているべてるの古くからの仲間である西坂自然さんの当事者研究（『安心して絶望できる人生』NHK出版）の中に入院中の喫煙室での体験談、「ああ、自分はこの仲間の中にいたら病気が治るかもしれない」と思ったという実感がそれを如実に物語っている。その意味では、退院とは、仲間との決別と未知の孤独との戦いを余儀なくさせるという危機でもある。そんな中で、繊細で、デリケートさを抱えた横山さんが地域で暮らしていることは奇跡に近いことのように思える。

仲間の中で仕事をする

もう一つは、統合失調症をかかえる松本寛さんが、べてるに毎日出勤していることである。松本寛さんといえば、「統合失調症は友達ができる病気です」などという松本語録で有名で、かつては甲子園球児でもあった。「巨人軍の王監督がドラフトで自分を迎えに来るような気がして、裸のまま家でバットを素振りしていたら、監督じゃなくて救急車が迎えに来た」というユニークな経験をもっている松本さんは、この二十年を振り返ってもほとんどべてるに足を運ぶことなく、自由に地域を散策し、時間を過ごしてきた。その松本さんが、毎日のように横山さんと同様に、仲間の中で仕事をし、事務所にたたずんでいる風景は、私にとっても不思議な居心地の良さを感じさせる。

もう一人は、鈴木恵美子さんである。鈴木さんもかつてはべてるのニューフェイスとして活躍し「自分も成長したけど、幻聴さんも成長しました」という名フレーズを発した有名人であったが、日常生活では苦労が絶えず、長期入院を余儀なくされていた。常識的には退院は無理であろうと思われた鈴木さんが、病棟閉鎖という〝ハプニング〟で退院となり、行先のない中で、川村先生がオープンした精神科クリニック付属の〝にわか下宿〟での生活をスタートさせ、本当に久しぶりにべてるに通うようになった。

恵美子さんの〝幻視さん〟は凄まじい。二階に住んでいる恵美子さんによると、一階に降りる階段には〝死体〟がぶら下がり、あちらこちらに〝骸骨〟や〝生首〟が転がっている。そんな凄惨な

光景が視界に飛び込んでくる中で、恵美子さんはべてるに皆勤をしている。一時は、どうなることやらと心配された恵美子さんであったが、その日常生活を支えるスタッフのきめ細かな心配りと二十四時間のアクセスの保証が、彼女の暮らしを下支えしている。

多様性に富んだ「人の森」で「人になる」

長年、べてるが追い求めてきたテーマは、「安心してサボれる職場づくり」であり、「こころをあわせて、力をあわせて、助け合ってはたらく」という協同労働の理念にも似ていて、「安心してサボること」と「起業――働く」という二つの相容れない命題を両立することであった。そのキーワードは、「多様性」である。一九九五年に出されたドキュメンタリー映画「ベリー・オーディナリー・ピープル――とても普通の人たち」の中で、私がべてるのことを「土」にたとえて「笑っている人がいたり、怒ったりしている人たちがいる。いろんな人たちがいるお陰でべてるは黒土のようなホカホカした土でいられる」と語っている場面がある。また、生い茂った豊かな森の力で川に清流が戻り、メダカなどの小魚が生息するように、ゆっくりとした時間の中で地域の中に「人の森」が生まれ育ち、その多様性に富んだ森の中で、はじめて人は「人になる」ことができる。べてるは、それをめざしてきた。しかし、それは、決して夢のような世界を意味するものではない。さまざまな感情や個性が行きかい、時には摩擦を生じる中で、にもかかわらずあきらめずに「三度の飯よりミーティング」の対話を重ね、弱さの中から強さが生まれ、醜さの中から美しいものが立ち上がり、怒りの中から優しさが蘇るような場づくりであり、それを生み出すのは「場を信じようとする力」であり勇気である。信じることをあきらめ、見失ったとき、「人の森」は荒廃し、清流はよどみ、命が失われるのである。

それは、「奇跡のりんご」で知られる弘前のりんご農家、木村秋則さんが世界で誰も成し遂げられなかったりんごの自然栽培に挑戦し、それを実現させた苦難にも似ている。それは、無農薬、無肥料によって土の中に多くの生き物や微生物が蘇ってホカホカの土となり、りんごの木が自ら生きようとする本来の力を発揮できたことによって実現したものであった。私は、横山さん、松本さん、鈴木さんがべてるの仲間としてくらす風景を見ながら、べてるという場に三十七年の歳月が育てた豊かな土壌が生まれ、そこから個性豊かな木々が生い茂り、森になりつつあるような気がした。

3　幻聴さんが〝グランプリ〟！

べてるのネットワークの国際化

べてるまつりの季節がやってきた。二〇一五年七月三十一日（金）に開催されたべてるまつりの前日には、二年に一度の当事者研究全国交流集会（浦河総合文化会館大ホール）が開催され、午前中の講演やシンポジウムに併せて午後からは三十題の研究発表もあり、べてるまつりのプレイベントとして大会を盛り上げた。

嬉しかったのは、二〇一五年四月に東京大学先端科学技術研究センター（通称、先端研）の中に、当事者研究の講座ができたことである。この背景には病気や障がいをもった人たちの経験の中に、従来の科学が見落としてきた大切なものがあるという期待がある。講座の責任者である熊谷晋一郎先生によるスカイプ講演「当事者研究の新展開」は、科学と当事者の経験世界の出合いが新しい知を創造する可能性に言及し、冒頭の福島県立医科大学会津医療センターの丹羽真一先生による「当事者研究は、統合失調症治療における日本発世界先端のアプローチ」であるという講演と併せて、当事者研究の可能性の広がりに多くの聴衆が魅了された。さらには、和光大学の伊藤武彦先生と聖クリストファー大学の小平朋江先生は、当事者研究で用いられる「言葉」の頻度に着目し、見えにくい当事者の体験を見えやすくする工夫の大切さを知らせてくれた。

そして、二日目（三十一日・金）は、「世界の苦労と出合う」をメインテーマに第二十三回べてるまつりが開催され、スリランカ、バングラデシュ、韓国、アメリカからゲストを招き、国際シンポジウムが開催され、午後はお馴染みの「幻覚&妄想大会」に二日間で延べ八〇〇人ほどの人たちが、国内はもとより、海外からも足を運び、町内ばかりではなく、周辺の町のホテルや旅館は参加者でいっぱいになった。

「世界の苦労と出合う」というテーマが生まれた背景には、べてるのネットワークの国際化にある。きっかけは、二〇〇四年十二月二十六日に、発生したマグニチュード九・一の「スマトラ島沖地震」（東南アジアを中心に二十万人を越える死者や行方不明者を出した）である。この震災により、国連を中心に防災が大きなテーマとして取り上げられるようになる中で、「防災先進国」である日本がかじ取りをする形で国際研究プロジェクトが立ち上がった。そのモデル地域としてべてるがある浦河町が指定され、海外の被災地との交流がはじまったのである。

今回、ゲストとしてお招きしたスリランカのソーシャルワーカー、プリヤンタさんが所属する精神保健福祉推進組織・ネストとの交流は、こうしてはじまり、織物や手芸用品をつくるべてるの〝グッズチーム〟やカフェぶらを視察したプリヤンタさんは、帰国後、べてるの名前を冠した

Community Weaving Workshop（地域織物作業所）を開設し、そこで作られた製品をべてるや国内で受け入れ販売する計画が進んでいる。さらには、一年半前にはじまったバングラデシュで精神障がいをもつ人たちと共に生きることを実践するラルシュ・コミュニティーとの交流は、送迎用の電気自動車をおくる募金活動へとつながり、この春に無事に送金をすることができ、べてるまつりでもべてるマーク入りの車が紹介された。この送迎車両によって、地域で孤立している精神障がいをもつ人たちが、ラルシュに通い、仕事をし、仲間を得ることができるようになった。

当日は、アジア最貧国と言われるバングラデシュで、今なお〝牢〟で暮らすことを余儀なくされている一人の統合失調症をもつ女性への治療も含めた支援のアピールとともに、緊急のカンパが行われ、その結果、三か月の治療を受けられる十万円が集まり、新たな連帯へ向けた模索が始まった。

アメリカのイェール大学の中村かれんさんは、アメリカの精神保健福祉の先進モデルの導入を続けてきた日本から、むしろアメリカに発信することのできるモデルとしてべてるの「仲間」をあげ、仲間同士のつながりのモデルの大切さを語ってくれた。また、年ごとに交流が盛んになりつつある韓国からは、今年もチョンジュ市の精神保健福祉センターの金大煥所長が来日し、韓国での当事者研究の現状紹介があった。その中で、『レッツ！　当事者研究』（地域精神保健福祉機構）の韓国での翻訳・出版に向けた準備が整いつつあるという嬉しい報告があり、日本以上に精神科医や専門職主導の傾向の強い韓国の中で、当事者主体の流れを引き寄せる活動としての当事者研究に対する期待を感じることができた。

大きな時代の変化

午後に行われた恒例の「幻覚&妄想大会」で私が一番印象深かったのは、一年前に精神科病棟が休床となり、二十年から四十年という長い入院生活を送ったメンバーが続々と退院したにもかかわらず、再入院になった人がほとんど居なかったことと、高齢を理由にべてるの仕事から引退した人たちが、十数年ぶりにべてるに復帰したことである。その結果、べてるの草創期を担った最高齢（八十七歳）の浜長アヤヱさん、荒谷セツさん等は、カムバック賞ということで表彰された。今年のもう一つの特徴は、統合失調症が再燃したにもかかわらず、入院を経ずにグループホームで回復できる人たちが、徐々に現れたことである。これは、大きな時代の変化を意味する。訪問看護ステーションの開設も含めて、メンバー有志によるピアサポートの一環としての〝なんちゃってヘルパー〟や、診療所とのきめ細かい連携がそれを可能にした。

幻聴さんは良き助け手

各賞の表彰がおわり、いよいよ、幻覚&妄想大会の一番の関心事である「グランプリ」は統合失調症をもつ大貫めぐみさんが受賞した。今年のグランプリの特徴は、受賞者が、何と大会史上初めて〝彼女に付きまとう幻聴さん〟だということである。賞状の読み上げは、昨年のグランプリ受賞

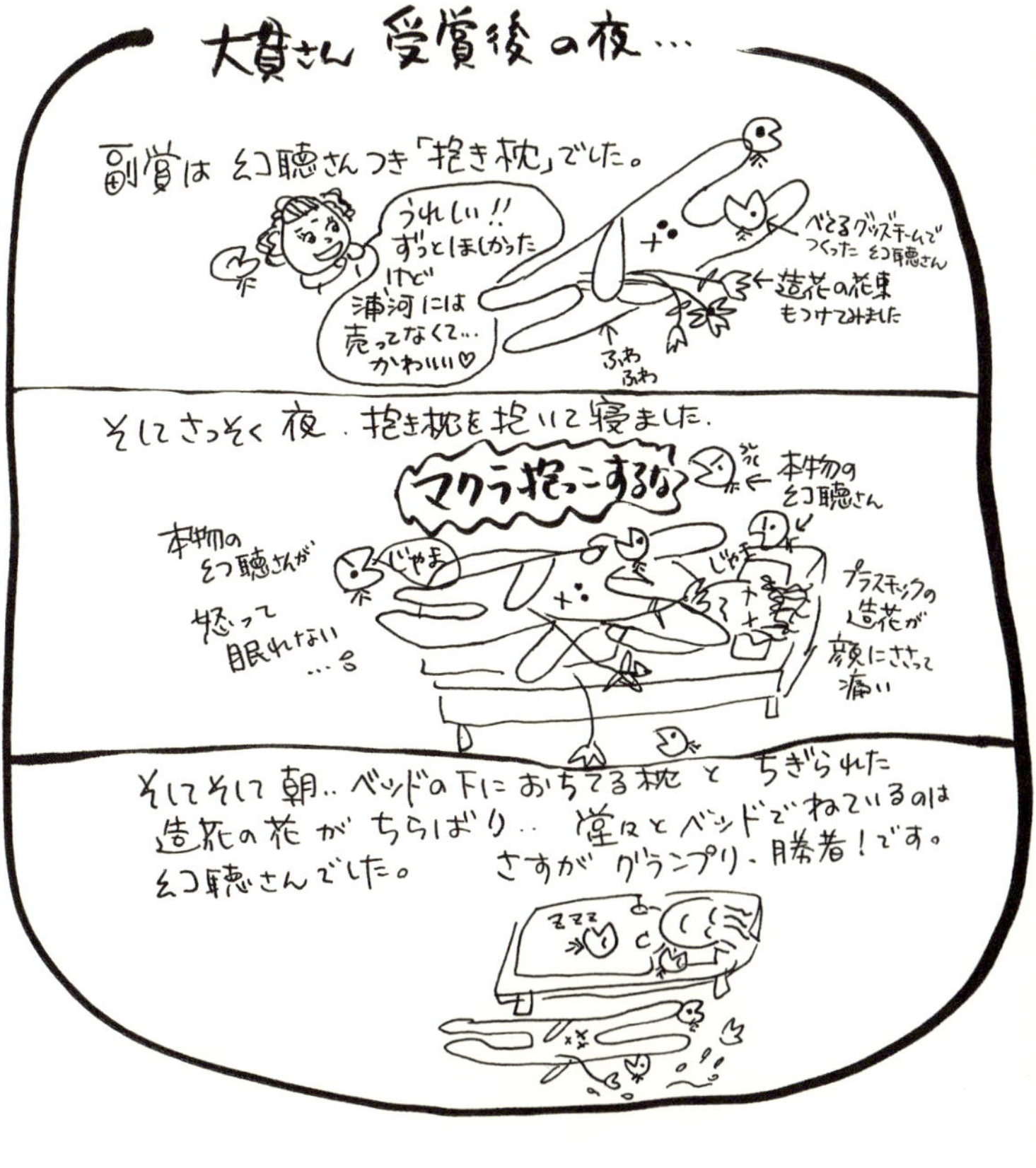
大賞さん 受賞後の夜…
副賞は 幻聴さんつき「抱き枕」でした。
うれしい!! ずっとほしかったけど 浦河には 売ってなくて… かわいい♡
べてるグッズチームでつくった幻聴さん
造花の花束もつけてみました
ふわふわ
そしてさっそく夜、抱き枕を抱いて寝ました。
マクラ抱っこするな
本物の幻聴さん
本物の幻聴さんが 怒って眠れない…
じゃま
じゃま
プラスチックの造花が顔にささって痛い
そしてそして朝… ベッドの下におちてる枕と ちぎられた造花の花がちらばり… 堂々とベッドでねているのは幻聴さんでした。 さすがグランプリ、勝者！です。
ZZZ

者である佐藤太一さんと〝天使の声〟と共に暮らす松村満恵さんが担当してくれた。

「二〇一五年度、幻覚&妄想大会グランプリ賞、大貫めぐみさんの幻聴ご一同様！」。

名前が呼ばれると、大貫さんとは別に、幻聴さん役を買って出た早坂潔さん、内村直人さんが幻聴コスプレに身をまとい、大貫さん役を伊藤知之さんが女装して現れ、会場は大きな笑いに包まれた。

「あなたは長年ヤンキーだっためぐみさんがやけくそ状態になり、人生が脇道にそれるたびに緊急出動をされ、脱線を防ぎ、川村先生や仲間のところに誘導されたばかりではなく、寂しいときには、こころの隙間をうめるために、男性幻聴さんが肌を温め（ちょっとエッチです）、孤独な時には手を握り、身体の中にも常駐され、いつでも駆けつけられるように努められました。特に今年の三月、ヤンキー状態になっためぐみさんを救出すべく、皆さんは「悪い組織」を使って追いかけまわし、めぐみさんは夜、降りしきる冷たい雨の中を裸足でさまよい、ついに元祖べてるの家にたどり着き、潔さんたち仲間に助けを求めることができました。

お陰様でそれをきっかけに、めぐみさんは、ヤンキー状態を脱し、仲間を大切にし、当事者研究にも取り組まれ、六月には、はじめて仲間たちと講演活動にも参加することができました。これも、ひとえにめぐみさんを見捨てずに、長年、応援してくださった幻聴ご一同様のお陰です。

よってここに幻覚&妄想大会グランプリを差しあげます。副賞として、めぐみさんに「幻聴さん付抱き枕」と「幻聴さん付バスタオル」を差しあげます。二〇一五年七月三十一日、幻覚&妄想大

会実行委員長　佐藤太一」。

笑顔で副賞を受け取る大貫さんに私は、「おめでとうございます！　受賞の感想は？」とマイクを向けた。すると彼女は「幻聴さんにいつも助けられています。無くなったら困ります！」と言った。私も、同感である。幻聴さんは、生きづらさに満ちた家族と社会を生き抜くために備えられた良き助け手だったのだ。この十四年、彼女の〝人生横道逸れ状態〟を見つづけてきた一人として、本当に幻聴さんのお陰で生き延びて来ることができたように思う。

「幻聴さん、これからもよろしくお願いします！」。

4 自己解体

死神さんとの付き合い

当事者研究つながりの女性メンバーから「入院しました」というメールがあった。〝死神さん〟にジャックされて、ロープを首に巻き、気がついたら廊下で気を失っているところを発見されて九死に一生を得たのだという。「危なかった……」というメールに、私は「本当によかったです。また、○○子さんの助け方を一緒に研究しましょう」と返信した。何度もくり返される「死神さんジャック現象」の解明は、なかなか手ごわいものがある。

べてるのメンバースタッフ、秋山里子さんのかつての研究テーマも「死神さんとの付き合い」であった。もちろん、今は死神さんからは解放されているが、秋山さんは、高校に入学したころから、心身が深い霧に包まれるかのような抑うつ感に襲われ、どこにも居場所を見いだすことができず、入学した短大でも、人の中に居ることができずにトイレですごすという状況に陥った経験をもっている。そして、彼女はさらなる行き詰まり感の中で、「死神さん」にこころが支配されるようになり、自傷による自殺未遂をくり返し精神科病院にも入院を経験し、彼女の言葉を借りるならば「生きていることが不思議なくらいのボロボロの状態」で浦河にたどり着いた苦労人である。

人の中に居る感覚

その秋山さんは、当事者研究の中で「自分は決して死にたかったわけではなく、自傷をしたかったわけでもないことがわかってきた」と述べている。この「死にたかったわけではない」にもかかわらず、それが、本人がいかにも〝死にたがっている〟ように装いながら、ゆっくりと回る「死の歯車」を止めるためにはどうしたらいいのだろう。そのヒントになるのが、秋山さんをはじめ、そのよう

な経験を生き抜いた人たちの当事者研究である。

斎藤優紀さん（教育ママ乗っ取られ暴走型行き詰まり爆発タイプ――頑張れない自分が生きている意味がわからなくなって、生きるべきか死ぬべきか神さまに聞いてみようと思い、マンションの三階から飛び降り、頭蓋骨を骨折し生死を彷徨うという経験のもち主）は、幾多の爆発（自分いじめをすると安心する小爆発――リストカット、飲酒、拒食・過食・断食する、携帯など自分の大事なものを壊す）や、死に至りそうなことにトライする大爆発――マンションからの飛び降り、走行中の車両からの飛び降り、線路への飛び込みなど――の経験から、死神さんジャックから抜け出すには、「〝ちゃんとつながっているよ、独りじゃないよ〟というメッセージを、人とのつながりの中でしっかり自分でキャッチすることが、落ち着いて安心していられるポイント」と述べている。

二〇一五年春、生まれてから四十五年間、うつで働いたことのないという人がべてるに「働く実験留学」に来た。特別な訓練やサポートがあったわけではなく、そのまま仕事のシフトに入ってもらっただけなのに、「働けた」のである。研究をしてわかったことは、「会社と社会での人間関係に漠然とした恐ろしさがある」ことと、「働く自分を考えると、具体的に失敗して怒られる自分の姿が見える」ということである。そのメンバーが、働けた要因は、べてるの「安心して失敗できる」「弱さの情報公開」ができる〝環境〟だということがわかった。さらに、東京では、まったく働けないという同じくうつをかかえる若い女性が、べてるに「実験的な就労」に来ているが、結果は見事に働くことができている。その彼女が、べてるで行われている当事者研究で語った印象深い言葉が「人の中に居る感覚」である。

つまり、「死神さん」との付き合いは、その本人をどう治療、援助するかという以上に、どのような環境で暮らし、働くのかという「環境要因」が大きいことがわかる。それを考えたときに、思い出すのが「自己解体」というキーワードである。自己解体とは「生命の活性と環境のズレが、生まれもったすべての遺伝子を呼びだしても適応できないほど大きくなったとき、地球生命は、元々のDNAに内蔵されている死と解体のプログラムを自ら呼び起こして、己の躰を再利用に適した要素に分解し環境に積極的に還元してしまう状態に入る」（大橋力『地球文明の危機』東洋経済新報社、二〇一〇年）生命現象をさす。

遺伝子の大切な注意サイン

この「生まれもったすべての遺伝子」とは、人類が誕生して七〇〇万年の中で、特に六九九万年の狩猟民族の時代に私たちの中に備えられた「助け合い、支え合い」の遺伝子をさす。つまり、科学文明は、そしてそこから生まれた競争化社会は、「助け合い、支え合いの遺伝子」から解離し、生きものとしての人類は、それに「適応できない状態」に陥っていることになる。これは、旧約聖書（創世記二章）に示された神から取ってはいけないと言われていた「善悪を知る木」の実を食べた人間が神から離れた、という「アダムとイブ」の物語に似て興味深い。「遺伝子に約束された本来の棲み場所と生き方からやむなく、あるいは自ら求めて乖離」してしまった人類は、遺伝子の中に組み込まれた「己の躰を再利用に適した要素に分解し環境に積極的に還元してしまう状態――土に還る」（自己解体）を防ぐために、社会保障などの助け合いのシステムを創り出したが、それを上回る勢いで拡大する孤立化と競争の激化は、「自己解体」のスイッチの解除をいっそう難しいものにしている。それを考えたとき、「お前は顔に汗を流してパンを得る。土に返るときまで。お前がそこから取られた土に。塵にすぎないお前は塵に返る」（創世記三・一九）という聖書の言葉が、決して神話ではなく、遺伝子の最先端の知見と見事に重なりあうことに驚く。その意味で〝死神さん〟は、今を生きる私たちを「助け合いと支え合い」という「遺伝子に約束された本来の棲み場所」への回帰を促そうとする大切な警告なのかもしれない。

以前、札幌市に隣接する石狩市で、「降りてゆく生き方」（武田鉄矢主演）――べてるの理念から映画の題が生まれ、全国各地の街づくりの実践をモチーフに制作された映画で草の根上映が続いている――の上映会があり、べてるのメンバーと一緒に足を運んだ。その前の夜、ふと思い出し、秋山さんと同様、「死神さん」にジャックされがちな苦労を重ねている当事者研究のメンバーであるA子さんに「上映会を手伝ってくれませんか」というメールを送った。翌朝、六時過ぎに「おはようございます。今日、参加したいです」という返信があった。

他のメンバーと一緒に、約束した時間に駅に迎えに行くと彼女が待っていた。「お待たせしました。急な誘いで、すいませんでした。今日は、よろしくお願いします」と挨拶すると、少し緊張気味で、どこかおどおどした感のあるA子さんも「こちらこそ、よろしくお願いします」と言って車に乗車した。

すると彼女がゆっくりと口を開いた。「あの……、実は、私……、向谷地さんからメールをもらったときに、生きていくことに自信がなくて遺書を書こうと思っていたんです。そしたら、お誘いのメールが届いて、不思議だなって思って……、自分もそれなりに、人とつながってるんだと思って今日、来れたんです……」。

それを聴いて、私は一緒に同乗していたメンバーと思わず「それは凄い！」と声を上げた。「今日は、ぜひ、舞台に上がってその話を一緒にしましょうよ。講演、初デビューですね！」。

そう言うとA子さんは、気恥ずかしそうに「よろしくお願いします！」と笑顔でうなずいた。

5 ピープル・ファースト

「自分の人生の主人公になる」

最近、「〇〇ファースト」という言葉が、新聞紙上を賑わすようになっている。一番耳に届くのは「都民ファースト」という小池都知事のよく使うフレーズである。これは、東京オリンピックを開催するにあたって、都民目線で進めるという知事の公約の一つでもある。つまり、何を基準に物事を考えるか、誰の立場で判断するかの一つの立ち位置が「都民ファースト」なのである。

私がこのフレーズに最初にふれたのは「ピープル・ファースト」である。ピープル・ファーストは、一九七〇年代にアメリカの知的障がいをもつ人たちの中からはじまった運動で「障がい者としてではなく、人間として扱われたい」という思いの中から生まれたものである。当時のアメリカは、泥沼化するベトナム戦争に対する反戦運動とともに障がいをもつ人たちばかりではなく、黒人や社会的少数者の権利回復運動がはじまり、そのエネルギーの中から、後の医療や福祉、教育の大きな理念となる「エンパワメント」が生まれた。それは、障がいがあっても人に一方的に支配され、保護・管理される生活ではなく「自分の人生の主人公になる」ことを意味し、一九八三年に早坂潔さんの昆布の内職からはじまったべてるの活動の理念の一つである「苦労の主人公になる」「自分の苦労を取り戻す」とも一致する。

福祉や医療、教育分野の「市場化」

二〇一七年の新年を迎え仕事はじめの翌日、五日の朝刊を開いたとき、目に飛び込んできたのは総理大臣の年頭会見を伝える記事であった。そこには「経済最優先」という見出しが躍っていた。その言葉は、私には「マネー・ファースト」と言っているように思えた。ソーシャルワーカーとして精神保健福祉の領域に身を置いてから早いもので今年四十

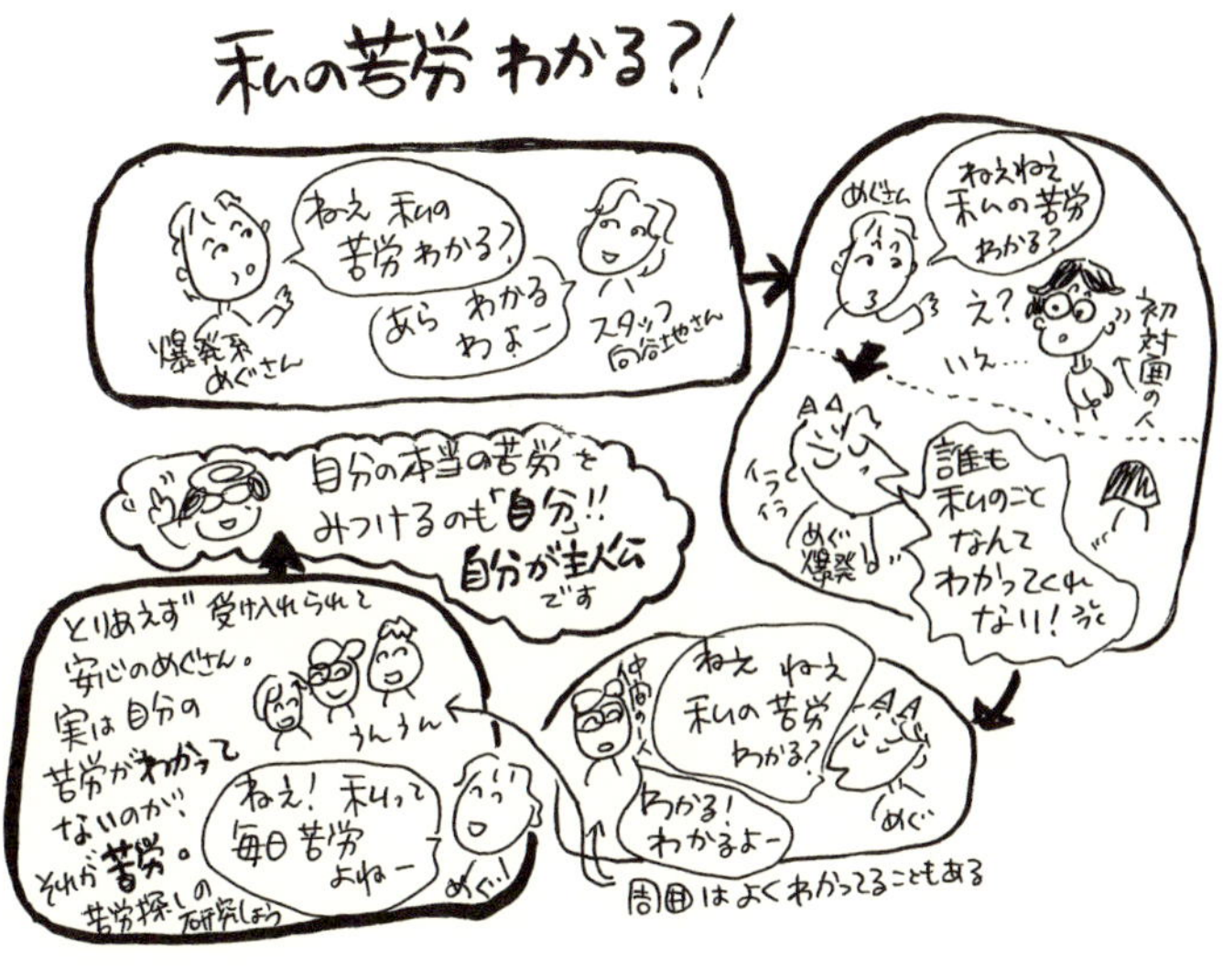

年になる。この間の変化を一言で言い表すならば、戦後の福祉や医療、教育は、憲法第二十五条の「すべて国民は、健康で文化的な最低限度の生活を営む権利を有する。国は、すべての生活部面について、社会福祉、社会保障及び公衆衛生の向上及び増進に努めなければならない」という理念を堅持し、「国民が第一」の観点から経済的な利益を追求する企業活動などの「市場」とは一線を画してきた。ところが、効率化や経済合理性、ファーストフード同様の市民の自由な自己選択を大義名分に、長い間、タブー視されてきた福祉や医療、教育分野の「市場化」が解禁となり、この領域が「お金儲け」の対象となって、一気に企業の参入が進みつつある。

市場化のメリットは、悪いサービスは淘汰され、市場からの撤退を余儀なくされることである。しかし、最大のデメリットは、最終的には利用者のニーズも「儲かるか、儲からないか」の範囲内でしか満たされないことである。例をあげると、もし、警察の予算を、犯罪者の検挙者数と比例させた場合、警察は、予算確保のために犯罪者の摘発に熱心になる反面、組織の維持のために「犯罪者を必要とする」というジレンマを抱え込むことになる。警官が、上から求められる拳銃や薬物の摘発の実績をあげるために、内々に暴力団に頼み込むという呆れた事件が露見するのは、そのいい例である。また、消防署の予算を火事の件数に比例させた場合、消防署員は仕事を確保するために、極端な場合、自ら〝放火〟してでも、生き延びようとする可能性もある。

精神医療の世界でも、同じようなジレンマを抱えている。「入院中心から、地域生活中心へ」という国のスローガンは、わかるとしても、病院は患者さんが居て経営が成り立っている。患者さんが減っては職員の暮らしを守れないというジレンマと、退院させるには、入院患者さんを増やさなければならないという根本的な矛盾を抱えている。べてるも同様である。メンバーが、みんな自立して、地域で働けるようになったらべてるは〝潰れる〟。常に、一定の自立困難な人を〝欲する〟という構図は、健全ではない。

当事者研究にも通じる発想の転換

その点、EUにおける精神医療は、公費で賄われ、徹底して市場化と一線を画し、障がいをもつ人たちや、市民のニーズ中心に施策が営まれている。それを象徴するニュースが年末に飛び込んできた。それは「フィンランドは、数学や英語、地理といった、学校授業の従来の科目を廃止する」というものだった。すごいと思った。周知のように、フィンランドは、国際学力到達度テスト（PTSA）で、常に世界トップの成績を維持していることで知られている。しかも、その教育システムは、きわめて素朴で、徹底して学ぶ生徒の立場にたった〝当たり前〟の仕組みで成り立っている。そんなフィンランドが挑戦しようとしているのが、「科目の廃止」なのである。それを推進している政府の関係者は、今の教育システムを「十九世紀初頭と同じ時代遅れのやり方」と説明し、二十一世紀に見合った新しい発想に基づいたものとして、科目廃止を決定したと述べている。サイトで、そのやり方が説明されているが、たとえば「第二次世界大戦」について学習する場合は、歴史的、地理的、数学的視点をもってこれを学ぶという。つまり、科目を学んでそれをもとに社会の出来事を掘り下げるのではなく、出来事を最初に置き、それに必要な知識を学んでいくというやり方に変えていくというのである。

これこそ、当事者研究にも通じる発想の転換である。統合失調症を抱えた人を、複数の専門家がバラバラにそれぞれの観点から理解し、それをつなぎ合わせるやり方が従来だとするならば、フィンランドの新しい教育システムは統合失調症を抱えながら暮らしている人を中心に、その人の抱える苦労をその人自身が発信し、専門家がそれに協同するというイメージに重なる。その意味でも、当事者研究は、あらたな「ピープル・ファースト」の発信としての可能性をもっている。

第4章

「幻聴さん」は人助けをする

1 黒い男

べてるメンバーと一緒の旅

べてるには二つの顔がある。一つは北海道浦河町にある「浦河べてるの家」で、そこには、全国から舞い込む商品の製造や発送に追われるという日常の中でメンバーが歌ったり踊ったり、そして、時には〝爆発〟のアクシデントが織りなす独特な〝べてるな〟光景がある。もう一つは週末、メンバーやスタッフが日高昆布などをかかえて全国各地を行脚する中で生まれる出会いの風景である。二十年以上にわたる一万人を超える人たちとの出会いが浦河への訪問者へとつながり、そこでつながった〝逸材〟が、べてるの活動を支える人材として〝新しい苦労の風〟を呼び込み、それが新しい商品や企画、プログラムを生み出すという循環を起こしてきた。その意味でも、全国行脚はべてるにとって欠くことのできない風景である。

先日、私たち（〝忘れ物〟が専門の向谷地と〝あわてる〟専門の伊藤知之、〝緊張、肩こり、幻聴さん〟が専門の亀井英俊）三人は、新潟にいた。私は、岩手から埼玉を経由し、後の二人は、千歳から空路新潟入りし合流するという慌ただしさの中で、変わらないのが、伊藤さんの〝慌て現象〟である。落ち合う時間や、打ち合わせなどで伊藤さんの携帯に電話すると十中八九、伊藤さんが先にしゃべりだす。伊藤さんによると、「向谷地」という着信表示をみると、瞬時に何の要件かを頭で検索するスイッチが入り、頭に浮かんだ要件をもとに先に話し出すのだという。これは十年たってもいっこうに治らないが、驚くのは八割の確率で要件が当たることだ。だから、考えようによっては、私も話す手間が省けて便利であり、凄いのは、年々精度が増していることである。これは、伊藤さんの特技でもあるので、できれば治らないでほしい。亀井さんは、旅の途中で遭遇するストレスフルな場面を自由自在にダジャレっぽい、ポップでユニークな解釈や奇抜な現象で切り抜けるという得意技をもっている。亀井さんは、街の壁に張られたポスターの数字のごろ合わせで遊び、野良猫と会話する。二〇一四年、一緒に行ったバングラデシュでは、飛び交う〝蚊〟とコミュニケーションをとるという離れ業を見せてくれた。だから、そんなメンバーと一緒の旅は、実に刺激的で面白い。

〝逸材〟との出会い

そのようにして毎週のように続けてきた〝全国行脚〟のもう一つの楽しみは、各地の〝逸材〟と出会うことである。統合失調症などを抱えながら、爆発が止まらず、家からも出られないという苦労人ほどお金と手間暇をかけた〝失敗経験〟というお宝を抱えていることが多い。私たちにとっては、全国各地に眠る苦労人と出会うことで、私たち自身が鍛えられ、学ぶことが多い。

新潟市の郊外にあるコミュニティーセンターで開催された「当事者研究交流会」の場で私たちは一人の〝逸材〟と出会った。いつものように当事者研究と私たちの紹介が終わった後、「幻聴さんの専門の方はいらっしゃいますか？」と会場に呼びかけたところ、前方の中ほどに座っていた三十代前後の女性、Hさんがゆっくりと手を挙げた。私は彼女の元に駆け寄りマイクを向けた。「ありがとうございます。そうですか。〝幻聴さん〟が専門ですか。それは素晴らしい。ところでどのような幻聴さんかご紹介いただけますか？」。するとそのHさんは恥ずかしそうに「三人いるんです。〝白い爺さん〟とお母さんのような幻聴さんと〝黒い男〟です」と答えた。「それは、凄い。ところで〝黒い男〟というのは、もしかしたら今日もこの場にいらっしゃる？」。そうたずねると女性はチラッと後ろに目線を移し「そこに立ってます」と教えてくれた。五十人ほどの人で埋まった会場には、「へぇ〜」という感嘆の声が上がった。

私は、彼女の後方にたたずんでいる？〝黒い男〟の方を向いて言った。「〝黒い男〟さん、気がつかなくてすみませんでした。今日は交流会の場に来てくださいましてありがとうございます」。そういうと意外な展開に、Hさんは照れくさそうに笑った。普段は、ほとんど外出が難しく、交流会はスタッフが熱心に誘いようやく実現したものだった。

そこで私はHさんにお願いしてみた。「もしよかったら、前に出ていただいて一緒に当事者研究をしませんか？」。ほとんど人前に出ることが難しく、スタッフの協力の促しによってようやく会場にたどり着いた人に、「前に出てみませんか」と予告もなく無茶ぶりするところが〝べてる流〟の当事者研究の醍醐味である。実は、この辺の〝読み〟にも、当事者研究の先行データがある。それは、「外に出られないというジレンマをかかえている人のほとんどは〝でたがり〟である」という〝経験知〟である。つまり、人に認められ、つながり、自分を表現することに、誰よりも飢えている人たちだということである。それを邪魔しているのが自分と社会との間にある〝見えない壁〟である。その壁は、その人なりに感じる社会の常識であったり、価値観や人の評価であったりする。当事者研究とは、それを取り外

〈三人の幻聴さん〉

す作業を伴う。それだけで、当事者は、どんどん前に出られるようになる。

案の定、〝出不精〟であったHさんは、私の声掛けにちょっと戸惑いながらも、一緒に来たスタッフの励ましを受けて笑顔で前に進み出た。

三人の幻聴さん

「いや、ありがとうございます。無茶ぶりにもわらず、前に出ていただいてありがとうございます。私たちは、十年以上、このような当事者研究の交流会を続けているんですが、時々、〝凄い〟って感じる逸材と出会うんですけど、今日、まさしく出会ったという感じがします。来た甲斐がありました。では、さっそく一緒に当事者研究をしたいと思いますが、よろしくお願いいたします」。

そういうとHさんは、あらためてぺこりと頭を下げた。会場からは拍手が沸き起こった。

「それでは、まず、苦労のプロフィールを紹介いただけますか？　特に興味があるのが、三人の幻聴さんとの出会いですね」。

彼女の説明によると、何と幻聴さんとの〝出会い〟は六歳の時だという。家族の中で、居場所がなく、寂しい思いをしている最中に現れたのが〝三人の幻聴さん〟であったという。〝女性の幻聴さん〟マサコさんは、母親のような存在で、彼女は、その〝女性の幻聴さん〟に育てられたようなものだという。子育てをする幻聴さんに出会ったのは私も初めてである。そして、いつも自分を和ませてくれる〝白い爺さん〟の存在も彼女にとって大切だったという。そんな中でHさんにとって最も忌まわしく、〝邪魔〟な存在が〝黒い男〟である。口が悪く、焼きもち焼きで寂しがり屋だという。困るのが自分にとって大切な一人息子の間に割り込んできて、親子関係を邪魔するばかりでなく、外出も妨害するという厄介者である。特に困っているのが〝黒い男〟にそそのかされて子どもをたたいてしまうという問題である。そのことで、何度も入院し、子どもも施設に保護をお願いせざるをえない状態になった。

そんな彼女に、当事者研究では定番の質問をしてみた。「もし、瞬時に幻聴さんを消し去ることができる特効薬があったらどうしますか？」。すると彼女は、考える間もなく「飲みません。幻聴さんなしには、私は生きられませんから……。特に〝女性の幻聴さん〟は、私の育ての親ですから」ときっぱりと答えた。これは、個人差があるが、私の経験でも七割近い人たちが「幻聴さんに助けられている」実感をもっている。そんなHさんの幻聴さんとの付き合いの極意は「争わないこと」だといい、この辺も、多くの仲間たちの経験に共通する。私は、今後の当事者研究の手掛かりとして当事者研究の〝実践知〟の一つである「嫌な奴ほど大切」というキーポイントを紹介した。そのようにして、彼女をめぐる三人の幻聴さんの物語の輪郭が明らかになり、会場にはその中を生き抜いてきたHさんへの共感の輪が広がった。

当事者研究が終わり、片づけが進む中で私はHさんにお礼を言った。

「今日は、無茶ぶりにもかかわらず前に出ていただいてありがとうございます。ところで〝黒い男〟さんは、今日の当事者研究に対して何か言っていますか?」。

すると彼女は、「はじめてなんですが、〝黒い男〟が嬉しそうに笑っています。すごく、機嫌がいいです」。それを聞いて、私も嬉しくなり〝黒い男〟さんが居ると思われる方に向かって「今日は、来ていただいてありがとうございます」とお礼を言った。

翌日、Hさんからメールがあった。

「……昨日は本当にためになりました!! 少しまた、自分が知れました。亀井さんと伊藤さんの話を聞いて、幻聴さんで悩んだり困ったりしていたのは私だけじゃないと知り、力になりました。私も三十年間、三人以上の幻聴さんと付き合って来て、知らず知らずに自分と幻聴さんの仲を確かめあって尊重しあってきたのだと知り、ああ、自分のしてきたことは無意味ではなく意味あることだったんだなと思い、育ててくれた幻聴さんと家族と環境に感謝しました」。

彼女を三十年間にわたって支配してきた「黒い男」の〝人柄〟が、多くの人たちとの出会いによって成長を遂げたのである。

2　続〝黒い男〟

二年ぶりの新潟

先日、二年ぶりに新潟に行く機会があった。市内のクリニックの設立四周年記念の講演会に招かれたのである。「レッツ当事者研究――当事者研究のはじめ方、続け方」と題して話はじめると、百人を超える参加者の前方の席に、あの懐かしいＨさんの顔があった。

当事者研究の紹介をひととおりした後、いつもの無茶ぶりで「今日は会場に、二年前の当事者研究ライブにご協力いただいたＨさんが、来てくださっています。突然ですけど、よろしかったらちょっと前に来ていただけますか？」。すると、最初の出会いの時の不安そうな表情は消え、Ｈさんは、待ってましたとばかりに笑顔で演題の横に進み出た。

「本当にお久しぶりです。今日も相変わらず無茶ぶりですが、〝出不精な人〟ほど〝出たがり〟という当事者研究の先行研究を地で行くようなＨさんですけど、お元気でしたか？　それと、いちばん知りたかったのは、その後の三人の幻聴さん、特に〝黒い男〟さんの消息ですね」。

そう言うと彼女はホワイトボードに絵を書き出した。〝黒い男〟のイラストである。「前の〝黒い男〟は、いつも怒ってばかりだったんですけど、今はね。笑ってるんですよ」。そう言って、ニコニコしている〝黒い男〟を描いてくれた。

何と、二年前の〝当事者研究効果〟なのか、ずっと〝黒い男〟の機嫌は良くなり、Hさんと幻聴さんの三人は、まるで〝家族〟のように居心地の良い関係を作り暮らしていた。その秘訣を彼女は、幻聴さんに話しかけられても、今までは一方的に受け止めるばかりであったが、今は、ちゃんと自分の考えや気持ちを伝えて対話をするようにしているという。まさしく、昨今、注目されている対話による危機介入のアプローチとして知られる「オープンダイアローグ」と同じ発想が用いられていたのである。

「幻聴さんも、ちゃんと向き合ってあげると機嫌がよくなる」というHさんの経験は、「幻聴さんとの対話法」としても大きな可能性をもった発見である。

三人の協力

ただ、一つだけ、不思議なことがあった。相変わらず、外出がままならず、診察も訪問診療に頼っていることである。そこで、私はそのことをHさんに尋ねてみた。すると「黒ちゃんは、好きなところに行きたい人、ひげ爺は、家にいたい人、マサコさんは、寂しがり屋で外にはあまり出たがらなくて、一筋縄ではいかない」という。

そこで、私は会場に来て彼女のそばにいるという〝ひげ爺〟〝マサコ〟〝黒い男〟に向かい、思い切って「外来受診を手伝ってほしい」とお願いをしてみた。すると、即座に〝三人〟の協力を取り付けることができた。さすが、テンポが速い。そうやってHさんは、外来受診実験に臨むことになり、主治医の先生も協力してくれることになった。

彼女の二年越しの当事者研究は、新潟の地に当事者研究を根づかせる最初の研究となったのである。帰り際、私は無茶ぶり当事者研究に参加してくれたHさんとその傍らに佇む〝三人〟の幻聴さんに、お礼の言葉を述べて帰路についた。

「Hさん、今日も無茶ぶり当事者研究に参加してくれて、本当にありがとうございます。これも、ひとえに〝ひげ爺〟〝マサコ〟〝黒い男〟という三人の幻聴さん無くしてははじまらなかったことです。これからも、よろしくお願いします」。

翌日、Hさんからメールが届いた。

「(幻聴さんの)三人は、一生、一緒の家族なので大事にし、大事にされたい温かな家族を築いていきたいと思います。現実の家族、幻聴家族共に宝ものであります。

先生、スタッフさん、向谷地さんに感謝したいです。三人を紹介する？　場と機会をくださった方々との出会いに本当に有難うございました！」。

3　つながりを求める病

〝つながり〟の中で回復する

二〇一五年の北海道の自然は異変続きである。太平洋岸沿いの浦河では、ホッケや秋サケなどの馴染みの魚が不漁にもかかわらず、高級魚であるブリなどの南の魚が獲れ、あまり食習慣のない北海道では、急遽、学校給食に出したり、べてるの住居でもメニューに加わり食卓を潤している。もう一つの異変は、北海道の雪はサラサラして〝パウダースノー〟であるというのが定番であったにもかかわらず、今年は湿気を含んだ〝牡丹雪〟が多かったことである。しかも、ブラックアイスバーンをほとんど経験しないうちに、もうすぐ終わりそうな今年の冬の天候は、やはりどこか変である。

そんな浦河に先日、暴風雪とともに湿ったドカ雪が降り、道内の交通機関もマヒし、日高から十勝へ抜けるバイパスである天馬街道も通行止めという陸の孤島状態になった。その中で私は、ふだんはほとんど通ることのないえりも岬の黄金道路を迂回する形で山根耕平さん（専門は〝過去の苦労のよみがえり現象〟）、浅野智彦さん（専門は〝人生波乱万丈型誤作動びっくりタイプ〟）、久保田誠さん（専門は〝劣等感と目線〟の研究）の四人でべてるの商品を積み、四時間をかけて帯広に向かった。夕方に開かれる帯広での当事者研究交流会に参加するためである。テーマは、「リカバリーと希望」である。

移動中の車中は、この二つのキーワードをテーマに打ち合わせを兼ねた当事者研究の場になった。そこで私は、浅野さんに「統合失調症はどんな病気？」と尋ねてみた。一瞬、考えた浅野さんはゆっくりと言った。「ぼくにとっては〝つながりを求める病気〟かな……」。なるほど、「〝つながりを求める〟病気」というのは至言である。浅野さんは、時々、ぽろっと面白いことを言う。彼の言葉で忘れられないのは「病気って、一人で治ると性格が悪くなりますね」というものがある。それは、〝つながり〟の中で回復するものだという意味にも理解できる。

「リカバリー」につながるポイント

これは「石ころの原理」（西坂自然）でいう「岩のかけらは、最初のうちはゴツゴツとして幾つも角がある。川を下る中で、他のかけらとぶつかり、こすれあう中で角がとれていく。川の中で何度もこすれあいどの石がどの石を丸くしたのかもわからない。海へ辿り着く頃には石はそれぞれが様々な形をした触り心地の良い小石になっている」イメージと重なる。「病気」や「症状」というわかりにくい形で封印された人の生きにくさは、回復するにつれて「身体症状」から「関係の苦労」へと〝降りて〟くる。その意味では、回復とは簡単に人を生きやすくし、幸せにはしない。つまり、〝当たり前の苦労〟が増えるのである。そこで、私たちは順調に〝こすれあい〟、苦労をしながらお互いが和解的な回復をして、「触り心地の良い小石」になることができる。

車中のワイガヤミーティングで見えてきた回復につながるポイントは〝つながり〟であった。夕方に開かれた帯広の当事者研究交流会は、浦河から行ったメンバーと現地のメンバーの研究発表で大いに盛り上がり、まさしく〝つながり〟を実感した時間であった。

幻聴さんの〝つなげる役割〟

〝つながり〟と言えば、ちょうど、その日の午前に行われたべてるの当事者研究で発表した佐藤太一さん（統合失調症無人島漂流型水をたくさん飲みタイプ）の研究がおもしろかった。

佐藤さんには、アニメのピカチュウに似たイメージの幻聴さん（ウラチュウと命名）がいる。佐藤さんは、その幻聴さんの〝もっと水を飲め〟〝もっと派手に生きろ〟という囁きに圧倒され、命令のままに水を飲み過ぎて電解質バランスが崩れ、一時は意識を失うほどの危険な状態に陥ったことがある。研究を重ねる中で、「飲んだらダメだよ」という注意とか叱責は、ウラチュウを増長させること、一人でいたり、暇な時間があると幻聴さんがやってくることなどのデータをもとに、毎日の自分の気分と体調の観察と、「水飲み」に代わる自分の助け方の開発に取り組んできた。水飲み現象が、一進一退をくり返す中で、大きな転機となったのが「東大入院」であった。べてるのメンバーと一緒に東京大学（共同研究をしている）に出向いた時に、ホテルの中でいつになくたくさんの飲水をしてしまい、もうろう状態になって何とそのまま東大病院に緊急入院となってしまった。かつては北海道でも有数の進学校に進み、国立大学をめざしていた太一さんが、東大「入学」ではなく、ついに入学よりも難易度の高い「東大入院」を果たしたのである。太一さんの入院に驚いたお母さんと妹さんは、急遽、東京に出向き、ベッドに横たわる太一さんと再会を果たした。特に太一さんにとって嬉しかったのは、かつて病気が悪い時に、大事なものを壊したり、傷つける言葉を吐いてしまった結果、関係が悪化して十年も会っていない妹さんが、見舞いに来てくれたことである。弱々しくベッドに横たわる兄の姿に涙した妹さんは「お兄ちゃんは病気だったんだ」と思い直し、兄妹の〝つながり〟が復活した。

無事退院し、浦河に帰ってきた太一さんは、入院を機会に禁煙に成功し、「多飲水の研究」にも弾みがついた。太一さんが飲水する場所のほとんどがトイレである。そこで太一さんが試みたのは、「トイレに行きたいんですが、一緒について来てもらえますか」と仲間に同伴をお願いするという方法である。そうすると、用を足した後でも飲水をしないで戻って来ることができたのである。そのような画期的な研究報告した太一さんに、私は仲間と一緒にトイレに行ったときに「水を飲め！」という圧迫してくる幻聴の〝ウラチュウ〟さんの動向が気になって尋ねてみた。すると、

「仲間と一緒にいるとウラチュウは、後ろに下がってしまう」というのである。私は、それを聞いてなるほどと思うと同時に、まるで、幻聴のウラチュウさんが、仲間と太一さんを〝つなげる役割〟を果たし、それが実現した姿を見届けると、安心したように退く光景が目に浮び胸が熱くなった。

そこで私は太一さんをとおしてウラチュウさんにお礼を言った。「ウラチュウさん、お陰で太一さんが仲間とつながることができました。ありがとうございます」。

すると太一さんは言った。「ウラチュウが喜んでいます」。

やはり、幻聴のウラチュウさんは、太一さんを多飲水に追い込む悪役ではなかったのである。

4 神さまへの嘆願書

自分の助け方

当事者研究の特徴は、特定の誰かの定義や説明を金科玉条のように主張するのではなく、いろいろな人たちが、いろいろな言葉で語る自由さにある。

先日、札幌で行われた当事者研究の交流会の席で、はじめて参加された方が終わりの感想の中で「当事者研究は、〝言葉のジャズ〟ですね」と述べた。その感想を聞いた私は思わず「これから、そのフレーズを使わせていた

だきます」というほど、その言葉はしっくりきた。ジャズは、一定の音楽コードを用いながら即興的に演奏するスタイルの音楽である。当事者研究も、言葉が言葉を生みだし、その言葉に刺激されて新たな知恵が創成されることで、新しい世界が共有され、つながりが醸成される。

最近、当事者研究をめぐる興味深い出来事を相次いで経験することができた。札幌市内ではじまった「若者当事者研究」に参加している不登校の経験をもつ一人の青年が私の研究室を訪ねてきた。「向谷地さんに、一度僕の話をじっくり聴いてほしかった」という青年の話を聞いているうちに、私はいつものようにホワイトボードの前に立ち、青年と当事者研究をはじめていた。青年の直接的な不登校の要因は〝腹痛〟である。人前に出ると必ずと言っていいくらい襲ってくる〝腹痛〟を回避する一番の手立てが、人の集まる学校や場所を遠ざけるという〝自分の助け方〟であった。その結果が「引きこもり」である。しかし、学校に行きたい、働きたいという希望をもつその青年は、「引きこもり」からの脱却をめざし、手立てを探す中で人づてに「若者当事者研究」の集まりに辿りついたのである。

当事者研究の先行研究では、「腹痛」という現象は、決して珍しい研究テーマではない。腹痛も「身体言語――身体が発する言葉」として捉えると、「危険が迫っているので逃げろ」であり、ストレスを感じて慌てている自分をリラックスさせようとして「今は食事の時間ですよ（胃腸の働きが活発になる）」というかのように、身体が自分を助けようとがんばっている状態ということができる。

このような人は、概して、親から必要以上に怒られ、夫婦喧嘩の絶えない中で息を殺すように暮らしたり、いじめなどにあうなかで人の顔色を伺い、感情を押し殺し、〝すべて自分が悪いのだ〟という自己理解によって苦しさを封印し生きてきた苦労人が多い。そのような体験を生き抜いてきた人たちの回復は、〝身体まかせの自分の助け方〟から、自分が自分自身の良き理解者となり、自分をねぎらい、積極的に自分を応援しようという意識をもちながら暮らすことで生きやすくなる。

そんな先輩たちの先行研究を紹介しながら、私は青年と腹痛の苦労のメカニズムをホワイトボードに描き、彼の思いを書き込んだ。その中から、「腹痛」という〝自分の助け方〟に代わる自分主体の〝新しい自分の助け方〟をめざして研究を続けることになった。何よりも収穫は、一番苦手であった電車に乗るという作業をクリアし、札幌から四十分かけて大学まで来れたことである。青年とは、身体に感謝しつつ、〝身体のメッセージと逆の、自分の希望を優先した助け方を前向きに行う〟という実験計画を立てた。

思わぬ波及効果

その青年との当事者研究は、思わぬ波及効果を生んだ。

数日後、午後からの講義の直前に一人の学生が、扉の空いていた私の研究室を訪ねてきた。「向谷地さん、いま、お時間よろしいでしょうか。欠席回数を確認したいのですが……」。国家資格の取得をめざす学生にとっては必修の科目であるその講義は五回以上の欠席は失格となる。「欠席回数は、大丈夫だと思うけど、何かあったんですか？」とたずねると学生は、苦しそうに「体調が悪いので、今日は講義を欠席させていただきたいと思いまして……」と言った。私は、それを聞いて学生を部屋に招き入れ、とりあえず椅子に座り休んでもらい事情を伺った。それによると、その学生は朝からずっと腹痛があり、午後からの講義の出席は無理だと感じ来室したのである。私は学生に「腹痛に悩まされるようになったのは、いつ頃から？」と訊ねた。そこでわかったことは、大学に入ってから演習などの講義の中で、人前でロールプレイをしたり、意見を発表したりという場面が多くなり、それをきっかけに腹痛がはじまったことがわかった。「特に講義中に当てられることが苦手です」と答える学生の言葉を聞いた瞬間、私は自分の講義がすべて〝腹痛の条件〟に当てはまることに気づいた。「そうか、ごめんね。全部、僕の授業だね。自慢じゃないけど、実はこう見えても私も学生時代に一番嫌いだった授業が演習だったんだよね」と笑いながらこたえると学生が何やらホワイトボードの方をじっと見ている。そう、そこには数日前に腹痛に悩む青年とした当事者研究、「腹痛のメカニズム」が消されずに残っていたのである。

「これは何ですか」そうたずねる学生に、私はこれはいい機会だと思い説明し、やりとりをした。すると学生は「そうか、腹痛というのは私を危ない場面から遠ざけようとする身体の助けなんですね。悪いもんじゃない……」。そう言うと、それまでの緊張と苦悶の表情が和らぎ、表情にも落ち着きが戻った。そこで私が学生に「ところで部屋に入って来た時の苦しさのレベルを最悪の5

だとすると、今は、どれくらい?」と訊ねてみた。すると学生は、照れ笑いをしながら「2ですね」と言った。なんと十分程のやり取りで、急速に不安と緊張レベルが下がったのである。

そこで私は「あなたは、当事者研究向きだね。いい苦労のセンスがあるよ。苦労も多いけど、立ち上がりも早い。同じ苦労をしている仲間の研究から、大事なツボを読み取り、それを即座に自分に応用して復旧を計る。それがこの短い時間の中で達成できているということは、凄いことだよ」と言い、「常識のある教員だったらここで、〝無理しないで休んでいいよ〟って言うかもしれないけど、ごめんね、私は非常識だから、お願いしていいかな、講義資料の印刷を手伝ってくれない?」と頼んでみた。すると学生は元気よく「わかりました。手伝います」といいながら印刷機に向かい、手際よく資料をプリントし、無事、何ごともなかったように講義にも出席することができた。

神さまからの懲罰的な縛り

もう一つ、札幌近郊の精神科病院との縁があり、毎月お邪魔している中で当事者研究をめぐって印象深い出来事があった。そこで試みているのが、治療的にもケアの面でも限界となり、スタッフが対応に困っている統合失調症(特に幻覚や妄想などの陽性症状)をもつAさんとのマンツーマンの当事者研究である。

Aさんは入院生活も二十年に及び「神さまからの懲罰的な縛り」によって部屋からも出られず、

辛い生活を余儀なくされている。一言では理解の難しい神さまとテレパシー、宇宙の謎に関する話題が散りばめられたＡさんの世界の糸口を探すようなやり取りを重ねる中で明らかになった苦労のメカニズムからは、孤立と深い劣等感が浮かび上がってきた。

そこで立てた作戦が「神さまへの嘆願書」づくりであった。「神さまの懲罰から逃れるのは不可能です」と神さまからの報復を畏れるＡさんからの諦めの声を受け止めながら「これは実験です。無理かもしれないけど、申し訳ありません。〝勝手〟に嘆願書を神さまに出させていただきます」というと、さっそく看護師さんたちが「勝手な嘆願書」をつくり、署名活動をはじめてくれ、署名用紙の下にはわざわざ「この勝手な嘆願書は、Ａさんに頼まれたものではありません」と書

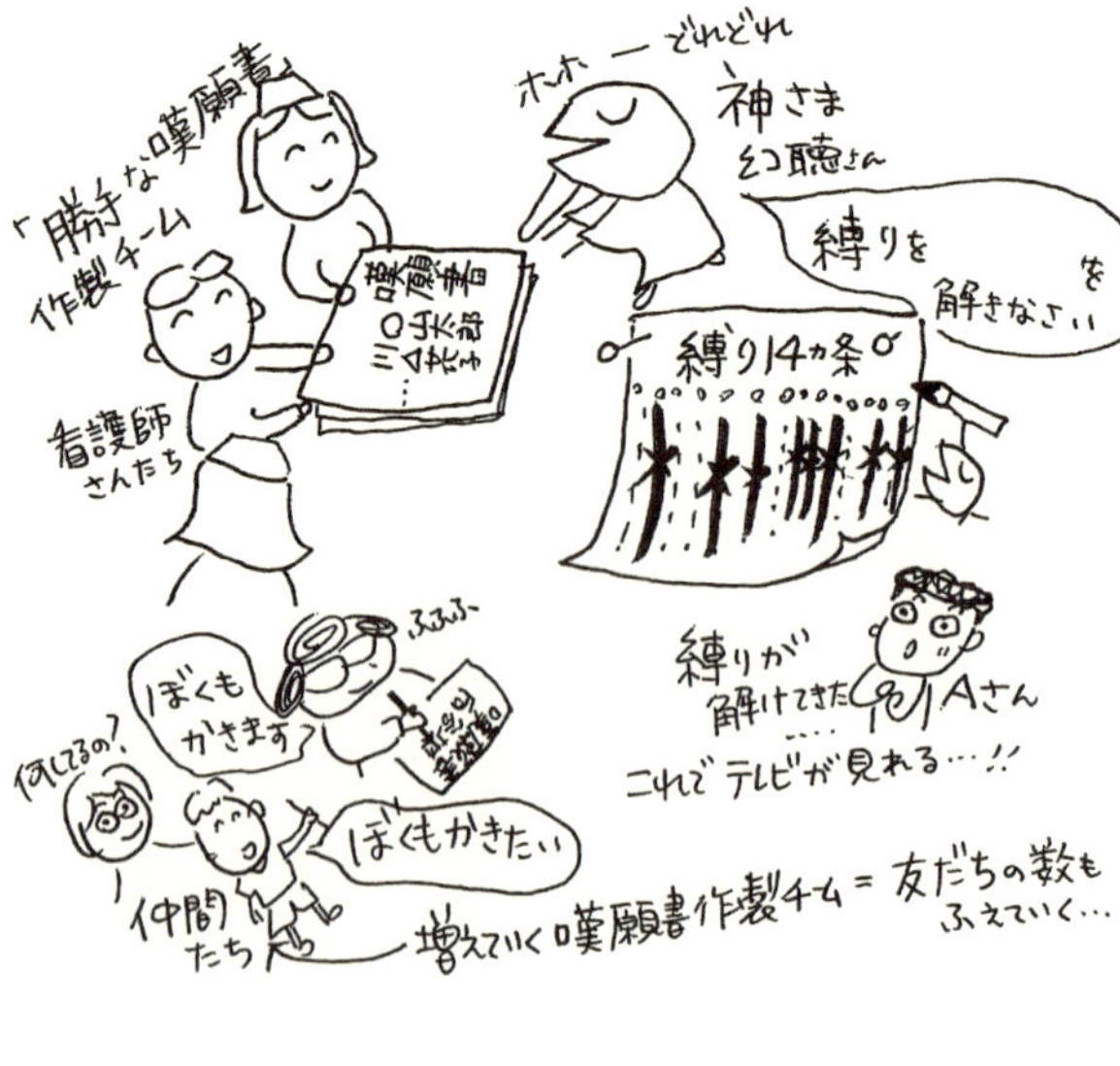

いてくれた。

その効果は絶大であった。先日、その病院を訪ねてご本人に会うことができた。そこで「神さまのご機嫌はどうですか」と訊ねてみた。すると「実は、今日、神さまから〝縛りを解く〞というテレパシーの指令がありました。テレビを見るな、新聞を読むななどの十四の〝縛り〞も五個に減りました」と喜んで報告してくれた。

看護師さんたちの「勝手な嘆願書」が神さまに届いたのである。そのことによってAさんは二十年ぶりに、病室を出て禁じられていた新聞を読み、テレビを見ることができるようになった。

「向谷地さん、安保法制はね……」と語りかけてきたAさんと、次は日本の将来を語り合おうと思っている。

5 神さまへの嘆願書、その後

グループでの当事者研究

私は今、全国各地（三か所）の精神科病院に定期的に足を運び、個人やグループで当事者研究を続けている。それらの病院で当事者研究を行うにあたっての共通点は、その病院において最も治療が困難でかつ長期の入院を余儀なくされている統合失調症をもつ患者さんを対象に続けていることである。そして、その効果は「絶大」であった。

物心がついた時から〝山姥〟との抗争に明け暮れ、孤独な戦いを余儀なくされ続けてきた青年との研究的な対話を通じて私たちは、その抗争にまみれた不思議な物語の世界に招かれることを許され、つながりの糸口を確保できるようになった。

「山姥ってどんな格好をしてるんですか?」。そういうと青年は、そのイメージをホワイトボードにやせっぽちの老婆を描いてくれた。「年齢は?」。そう尋ねると「もう八十歳を超えています」。「面白いですね……」「不思議ですね」「凄い」「面白い！」。そんな研究的な対話を重ねていくと、次第に彼の語る抗争の物語は休戦を迎え、山姥との和解へとつながり、退院を計画するまでになった。

また、院内での盗癖などの問題行動が山積し、退院の目途が全く立たなかった青年も、見違えるように生活が改善し、退院も視野に入れた準備がはじまっている。

しかし、ここでいう効果とは医学的な治癒や寛解をさすのではない。幻覚や妄想などの症状がある無しにかかわらず、あくまでも具体的に「生活が変わること」を意味する。いわゆる問題行動が減り、人とのコミュニケーションが増え、行動範囲が広がり、当事者研究的に言えば「生きる苦労が増える」状態をさす。ここで大切なのは、それは決して「充実した人生」がはじまることを意味しないし、それを意図することもない。それは、余計なお節介である。人の人生は、そんな簡単に充実したり、生きがいが得られたりするものではなく、山あり谷ありである。そんな日常という海原に、帆をあげてその人なりのしかたでゆっくりと舟を漕ぎ出す風景を私は大切にしている。当事者研究とは、それを促す効果があるような気がする。しかし、ここで大切になってくるのは、この効果とは、「当事者研究をした結果、統合失調症をかかえた当事者に現れた効果」というよりも、実は当事者研究を取り入れようと考えて、それをはじめたスタッフの側の変化という相互の変化が、本人の変化を促していることである。

神さまからの中止要請

さて、「神さまへの嘆願書」で紹介した青年の当事者研究のその後の展開を紹介したい。「嘆願書」から、半年が経ち、その青年とは今も定期的に月二回程度、ナースステーション内の面談スペースや、体調によっては病室でミーティングを重ねている。しかし、決して単純に上昇カーブを描いて行動範囲が広がっているわけではない。

他の入院患者さんが不穏状態になると、急にせっかく減ったはずの〝縛り〟が元にもどったり、「向谷地さんとの当事者研究をやめたいんですけど……」と言いだし、病院から丁重な「当事者研究中止」のメールをいただいたりもした。しかし、自称、百戦錬磨の私の手元にはたくさんの先行研究がある。「断られた時がチャンス！」と考え、テレパシーの影響と前回の当事者研究の時に話題になった家族にかかわるテーマが彼のこころを揺さぶったに違いないと思った私は、再び病院に出向き、中止を判断した主治医と話し合いをもった。そして「ぜひ続けてください」というゴーサインをいただき、再び青年のもとを訪ねることができた。

青年は、何ごともなかったように受け入れてくれ、中止要請は神さまからの指令であることもわかった。

「せっかく、お断りしたのに、また来ちゃったので、私の方から神さまに〝すいません。また、来ちゃいました！〟ってお詫びしておきますね」と言うと青年はニコッとほほ笑んだ。そして、安保法制の動向と、来年度に予定されている参院選について彼の持論を中心に話をすることができた。面白かったのは、「神さまが嫌いなのは、官僚と自衛隊で、好きなのは野球と政治なんですよ」と得意げに教えてくれたことである。その表情を見ているうちに、私には神さまがまるで青年と重なりあって感じられた。

先週、朝、再び病室を訪ねると青年は、調子が悪いといって、ベッドサイドにしゃがみ込み、ベッドの縁にうずくまるようにじっとしていた。不調を訴える青年も、政治談議になると、消えていた明かりが煌々と輝くように話し出す。そんな彼に「その後の神さまの縛りには、変化がありますか?」と尋ねてみた。すると、よく聞いてくれたという表情で「今日、神さまの指令が入って二個に減りました!」と言った。私は思わず、

「それは、凄いですね。神さまは、ちゃんと見てくれてるんですね。この調子で、嘆願書を続けますから、よろしくお願いします」。

そう言うと青年も「お願いします!」と笑顔で答えてくれた。

外来のデイケアに顔を出し、青年の話をするとデイケアを利用しているメンバーさんたちが、この嘆願書づくりへの協力を買って出てくれた。その時、私は「統合失調症は、友達ができる病気です」というべてるの松本寛君の名言を思い出し、それに一歩近づいたような気がして嬉しくなった。

第5章 世界の当事者研究

1 イギリスで初めての当事者研究

産業革命の真っ最中のイギリスの状況

ソーシャルワーカーとして働きはじめて三十六年が経つが、ソーシャルワークの源流を辿ると十九世紀にイギリスではじまった市民ボランティア活動（友愛訪問）に遡る。二〇一四年（九月二十五日〜三十日）、念願だったそのイギリスに私たちは、東京大学の科学史・科学哲学研究室の石原孝二先生、院生さん、べてるのメンバー、山根耕平さん、亀井英俊さんとスタッフの池松麻穂さんの六名で行く機会をもつことができた。そもそもの今回の渡英の目的は、ノーリッジ（Norwich、ロンドンの北東部にある人口十三万人の都市）にあるイースト・アングリア大学（以下ＵＥＡ）で開催された「Mental Health Self-Knowledge: Recoveryinitiativesin Japan and Britain」のワークショップ（以下ＷＳ）に参加するためである。このＷＳは、日本生まれの「当事者研究」の概念を学ぶこと、イギリスで実施されている「リカバリーカレッジ」の取り組みを紹介し実践経験を分かち合うこと、そして、メンタルヘルスにおけるこれら二つの革新的なアプローチを比較し議論することを目的に企画されたものだが、それ以上に私の念頭にあったのは、ソーシャルワーク実践のルーツとも言える「トインビーホール」に立ち寄ることであった。それは、べてるの家のはじまりと少なからず縁があるからである。それを説明するために、まず、ソーシャルワーク実践の夜明け前のイギリスの状況を振り返ってみたいと思う。

当時のイギリスは産業革命の真っ最中で、手仕事が機械工業に置き換わり、現在の中国や高度成長期の日本がそうであったように農村から大量の労働力がロンドンをはじめとする都市に流入していた。しかし、現在のような労働者を保護する法律や社会システムがまだない時代で、児童労働の問題や労働環境の劣悪さにより健康を害した労働者は使い捨てられる時代でもあった。その結果、都市周辺にはスラムが形成され、貧困が犯罪を生むという悪循環をきたしていた。当時は、貧困とは〝怠惰や堕落〟の象徴と理解され、貧困に陥る遺伝的な体質も要因の一つとして考えられるなど個人の責任に帰される風潮があり、ロンドンでは、十九世紀の半ばごろから、そのような貧しい人たちの救済を目的としたボランティア活動がはじまっていた。

そのロンドンで活発化していたボランティア活動の調整機関として生まれたのが「慈善組織化協会（COS＝Charity Organization Society, 1869）」で、このCOSは、福祉を学ぶ学生が一番最初に覚えるソーシャルワークや社会保障の原点とも言えるものである。

「トインビーホール」を拠点とした「セツルメント」

その後、一八七五年にバーネット(初代館長)が学生たちに呼びかけてはじめた活動が「セツルメント」である。セツルメントには、「住み込みをする」「調査をする」「改良を行う」の三つの活動があり、バーネットの呼びかけに共感し協力したのがオックスフォード大学の経済学者であったトインビーである。その結果、ロンドンのスラム街には、教会などに集う学生たちが飛び込んでいき一緒に暮らしながら貧困からの脱却を模索する活動がはじまった。当時は、先にあげた個人責任の考え方から〝魂の救済〟という側面もあったが、この活動は、その後、アメリカにも飛び火してソーシャルワーク実践として職業化し、今日に至り、かつてのセツルメントの活動拠点は、「トインビーホール」として、今も地域福祉の拠点として活用されている。

実は、三十五年前に、私が当時すでに住んでいた浦河教会の旧会堂で精神科に入通院する若者と一緒に暮すという着想は、このロンドンのトインビーホールを拠点にはじまったセツルメント活動をイメージしてはじまったものである。トインビーホールは、べてるの原点でもあり、当時の煉瓦造りの佇まいをそのまま残す建物を前にしたときには、本当に感慨深いものがあった。

「当事者研究」と「リカバリーカレッジ」

突然、話題は「トインビーホール」からはじまったが、そもそもの目的は、先に紹介したノーリッジで開催されるワークショップに参加するため、私たちは渡英したのである。

UEAで開催されたワークショップは、日本生まれの自助活動である「当事者研究――Tojisya kenkyu」と、アメリカで生まれイギリスでも普及がはじまった「リカバリーカレッジ・Recovery Ccollege」を相互に紹介しあい、比較し検討をするという初めての取り組みである。UEAの窓口になってくれたのが、社会学者のトム・シャークスピア（Tom Shakespeare）さんで、彼は自ら障がいをかかえながらイギリスで生まれた障害学――ディスアビリティ・スタディーズ＝障がい、障がい者を社会、文化の視点から考え直し、従来の医療、リハビリテーション、社会福祉、特殊教育といった「枠」から障がい、障がい者を解放する試み――の分野で活躍している新進気鋭の研究者で、来日経験も多い。これは、「当事者研究を世界に！」をかかげ、東大で科学哲学を研究している石原孝二先生のバックアップで実現したもので、この企画は「リカバリーカレッジ」を支える考え方が私たちの当事者研究の発想に近いことがあげられる。例をあげると、リカバリーの説明の中にある「苦悩の経験から発生したメンタルヘルスを理解するためのフレームワーク」であること。「専門家が症状を取り除くという発想から脱却し、ユーザーが自身の経験を理解し管理する方法を見つける」ことを重視し、「問題や困難に注目する方法から脱却し、ユーザーが自分の強みや技能を足場として目標を達成できるようにする」という点、さらに「医療と福祉を分離する方法から脱却し、連携、選択、機会を増やし、互いに支援しながら人生の希望を達成する」という考え方と個人レベルの「自身に起きた事態を理解する方法の発見——自分がその専門家だという意識」が大切になり、「自分は病気以上の存在だということ」と「充実した人生を送る方法の発見」をする中で、「必ずしもサービスや専門家に頼らなくてよいこと」「メンタルヘルス問題は必ずしもネガティブなものではないということ」「サービス側にリカバリーを達成したと判断された後も、この旅は続くということ」という視点は（ジュリー・レパー Dr. Julie Repper）、当事者研究が大切にしてきたものとほとんど重なり合うものである。

今回、一緒に渡英した統合失調症をかかえ「肩こり、眼精疲労、神経過敏、頻尿」に悩まされる亀井英俊さんは「世界で一番海外出張が多い統合失調症者」をめざし、病気の経験を活かした人生設計をしている。亀井さんのユニークなところは、七年間に及んだ入院中の症状（幻覚や妄想、自律神経症状）は、今もほとんど変わっていないことである。同じく、同行した山根耕平さん（統合失調症）も、かつては美女の幻聴さんに惑わされて、えりも岬から宇宙船に乗ろうとしたエピソードをもっているが、得意の英語力を活かし、セミナーでは、見事な自分の当事者研究のプレゼンをしてくれた。

丸一日を費やしたイギリスでのセミナーは、四十人ほどの研究者や臨床家、当事者が集い、熱意のこもった発表と熱心な討論をし、無事に終了することができた。

世界ではじめて精神科病院を開設（ベツレヘム病院、一二四七年）し、産業革命（十八―十九世紀）を興し、ダーウィンとフロイトを輩出し、看護（ナイチンゲール）と、ソーシャルワーク（バーネット）を生み出し、マルクスが生涯をすごし、反精神医学（レイン）の思想を世界に発信し、さらにはべてるでも人気のＳＳＴ（生活技能訓練）の基礎理論である社会学習理論（バンデューラ）を世に送り出した「賢人の国」イギリスで、当事者研究がその一歩を踏み出したことはとても大きな意味をもつ。何よりも大きな収穫は、イギリスで当事者研究の日英合同ライブをしようという企画が生まれたことである。

皆さん、今からお金を貯めてイギリス当事者研究ライブに参加しませんか！

2 韓国でテレパシー発信源を探す

幻聴さんとのお話

「向谷地さん、幻聴さんが〝今日はもう帰れ！〟って言ってくるんだけど、帰った方がいいと思う？」。

毎週月曜日に行われている恒例の当事者研究ミーティングが終わると、メンバーと一緒に当事者研究の進行役をしていた私のところに、統合失調症をもつ森紀子さんが少し元気の無さそうな表情でやって来た。森さんは、幻聴さんが目の前の人の喉に張り付いて、ヘリウムガスを吸ったように聴こえたり、周りの人の表情も変わって見えたりする中で、時折、大爆発を起こし愛用の携帯電話を何台もへし折ってきた。そのような中で当事者研究を重ね、携帯電話を持たないという自己対処（お母さんの提案）に行きつき、爆発が治まるという成果をあげている。今は、べてるの昆布作業とピアサポーター〔障がいをもつ仲間を支援する障がい者〕としての仕事をこなし、結構忙しい毎日を過ごしている。その日も、午後からピアサポーターとして隣町にある病院訪問の予定が待っていた。

「そうか、それは大変だね。じゃあ、私が幻聴さんとちょっとお話してみるね」。そういうと森さんは、無表情のまま、ポツリと「お願いします……」と言った。そこで私は早速、幻聴さんに話しかけてみた。

「森さんの幻聴さん、いつも、森さんを守ってくれてありがとうございます。幻聴さんのお陰で、森さんはべてるに来ることができて、仲間も増え、今はピアサポーターとして活躍していま す。これも幻聴さんがいつもいてくれるからできていることです。どうか、これからもよろしくお願いいたします」。

そう言った後、私は森さんにそっとたずねた。

「幻聴さんは何か言ってます？」。

すると森さんは、一瞬、目をあげながら何かに聞き耳を立てるような様子で「何も言っていないけど……、帰っちゃった！」。そう言ってニコッと笑った。

特別な介入方法

今にして思えば恥ずかしい限りだが、駆け出しの頃、メンバーから森さんのような質問をされたならば、私は即座に外来受診を勧めていたように思う。当時の教科書には「幻覚・妄想の内容に立

ち入ったり、それを肯定したりすることで、妄想を強化したり症状を悪化させる」と書かれ、「否定も肯定もしない」態度で接することの大切さが奨励されていた。

　それが大きく変わるきっかけになったのが、一九九五年から開催されている「幻覚&妄想大会」である。いまでも忘れられないのが、共同住居第一号の「ほっとハイム」の二階に住んでいた一人のメンバーが、ミーティングの席で「部屋の外に緑色の牛が居てのぞかれた……」といったエピソードである。それを聞いて唖然としたメンバー間で議論となり、二階だから首が長いキリンだという説も飛び出す、爆笑も交えたにぎやかな場となった。その話には落ちがある。「牛に食われるかもしれないと思って怖かった」というメンバーは、牛が顔を出す時には決まって牛舎特有の臭いが漂ってきたという「牛説」を曲げなかったが、実はトイレに行くことが面倒くさくなり、二階から排尿をしていたことを白状したのである。そして、それがバレてないかと毎日気にしていたら突然牛が窓から部屋を覗くという現象が起きたということで、その牛は悪い牛ではないという結論になった。その議論の盛り上がりと、結末の面白さに「自分たちだけで楽しむのはもったいない」と「幻覚&妄想大会」は盛り上り、現在まで続いている。

昨年に発表されたスタンフォード大学の文化人類学者、ラーマン教授の研究（*The British Journal of Psychiatry*：2014/9）によると先進国の統合失調症をもつ人の幻聴は、往々にして否定的な内容が多く、途上国の統合失調症をもつ人の幻聴は、肯定的でサポーティブな内容が多い傾向が見られ、これは、幻聴をもつ人への「特別な介入方法」の必要性を示唆するというコメントを述べている。もしかしたら、この「特別な介入方法」こそ、「幻覚&妄想大会」であり、当事者研究なのかもしれない。

暮らしになくてはならない羅針盤

二〇一五年十一月、べてるの一行は、韓国のカトリック教会（教区）の招きで訪韓して当事者研究交流を行った。訪韓メンバーの一人であるYさんの目的は、交流の他に、自分が感じるテレパシーの発信源である韓国に行き、「四角い箱のような発信装置」を探すことであった。

テジュン市にあるカトリック教会での講演で、Yさんは「僕のテレパシーの発信源である箱のありかを知っている人はいませんか！」と呼びかけ会場を沸かせた。

札幌のY子さんからも、毎日のように相談メールが届く。「向谷地さん、換気扇や冷蔵庫が私に話しかけてくるんです……」。私は「きっとYさんが、寂しくないように友達のつもりで話しかけてくれているのかもしれませんね。凄い、最新の性能をもったマシンですね」と返信した。

このような世界を日常として生きる人たちが、自分の経験を恥じることなく、生きられる社会は、きっと誰にとっても優しく生きやすい社会であるような気がする。

夕方、べてるに十名ほどの医療関係者の視察があり、森さんも研修スタッフとして協力してくれた。

「森さん、その後、幻聴さんはどうなりました？」。すると森さんは「向谷地さん、最近、毎日のようにスケジュールが入って忙しくて、みんなとのコミュニケーションがたらなかったかもしれないって、今、思った……」。凄いと思った。やはり幻聴さんは、仕事一辺倒にならず、コミュニケーションを増やす必要性をキャッチし、それを森さんに知らせてくれたのである。その意味でも幻聴さんは、森さんの暮らしになくてはならない羅針盤となっているのである。

この原稿を書いている間にも、また別なメールが届いた。

「向谷地さん、百円ライターのバーコードが勝手にしゃべってくるんです……」。

私は返信した。「凄いですね、読み取らなくてもしゃべってくれるバーコードは大発明です！」。

3「治りませんように」

集団ストーカーの相談

最近、当事者研究の交流会に知人の紹介で参加したS子さんから手紙が届いた。入院中の病棟からの私信であった。「向谷地さん、入院になりました。SOSです！　集団ストーカーに狙われています」「誰も信じてくれないんです。助けてください……」と書かれたS子さんの手紙には、全身拘束された辛い体験と今後への不安な思いが綴られていた。

S子さんは、入院になる前に参加した当事者研究交流会の場で、集団ストーカーの相談を持ち掛けてきた。私は彼女の話に耳を傾けながら「実は、当事者研究のテーマの中に、この集団ストーカーの苦労が最近よく取り挙げられるようになって、研究をしている人もいるので、ぜひ、研究チームを立ち上げましょうよ」と言ってメールアドレスを交換した。すると早速S子さんからメールが届いた。「先日、集団ストーカーのことを話した者です。力を貸してください」。そして、最後にこう記されていた。「いままで、多くの人たちに相談しても、そんなことはないと否定されてきたんですが、どうして向谷地さんは否定されないんですか?」。

この手の苦労は、どんな理路整然とした説得や説明も受け入れずに、事態はますます深刻化し、個人差はあるが、「妄想症」とか「統合失調症」とか診断されて薬物療法を受けても、事態は容易に改善しないところに難しさがある。

韓国での当事者研究ライブ

話は変わって、私は二〇一六年五月三日から七日まで、韓国ソウル市で開催された「韓日精神保健福祉国際交流セミナー」に出席するためにべてるのメンバースタッフおよび元日赤病院の精神科医川村敏明先生が開設した診療所のスタッフと訪韓した。この交流は、ハヌル精神健康福祉財団が主催し、「レッツ! 当事者研究」の韓国版の出版記念パーティーと、四日と六日の二日、「精神障がい者の地域社会統合する方法および展望」「精神障がい者自立生活」をテーマに、べてるや日本の現状を交えながら、精神保健福祉の現状について行政、研究者、弁護士、家族、当事者が発言し討論するという盛りだくさんの企画で、その中心には、当事者研究に対する並々ならぬ関心と韓国での普及に対する熱意が感じられた。その最後のプログラムに当事者研究のライブが予定され、べてるからは、「統合失調症全力疾走あわてるタイプ」の伊藤知之さん(べてるの家ソーシャルワーカー)と「統合失調症ホメホメ妄想大事にしているタイプ」の亀井英俊さんが参加した。

出発前日（五月二日）の朝、亀井さんから電話があった。「向谷地さん、どうにかしてくださいよ。身体はもうボロボロで、この住居を出ないともちませんよ。母親を説得して八戸（青森）に返してくださいよ。どうして世話人さんが食事に勝手に薬を入れるんですか。韓国なんかに行ってる場合じゃないですよ……」。

亀井さんによると、グループホームの世話人スタッフが、自分にだけ抗精神薬と思われる薬を食事に混入させ、その結果、足にアカシジア（薬の副作用で、座っていられない状態や足のむずむず感などの不快症状がおきる）が起きているという。もちろん、亀井さんの服用している薬は、量も少なく種類からいってもアカシジアが起きることは考えにくい。このような訴えは精神医療の現場では、「被毒妄想」として扱われ、薬物療法によって改善する例もあるが、個人差があり、前述の「集団ストーカー」現象と同様に、本人や家族とともに現場を悩ませる難しい問題である。そんな亀井さんも、「朝食薬物混入現象」の研究中であり、一度、奇跡的に朝食を食べた際、薬の混入がなく、足の調子も良かった時期がある。すると、不思議なことに「もう、ダメですね。べてるに居られないかもしれませんね……」という謎めいた言葉を吐いている。

そこで私は言った。「亀井さん、今度の訪韓は、大事な日韓当事者研究交流十周年という節目でもあるので、ぜひ、今の苦労をそのまま発表してもいいと思いますよ。亀井さんは、ちゃんと頑張ってるし、研究も続いてて、仕事に出られなくて困っていることも含めて、ありのままに発表した方がいいと思うんだけど……」。

その結果、亀井さんは、「韓国では、食事に薬が入るか」という一つの実験も兼ねて、訪韓と当事者研究でのライブへの参加を決めた。

自分を変えてみること

韓国での食事は、基本的にキムチに象徴されるように辛いものが多い。食事のたびに私は、亀井さんに「薬は入ってますか？」と聞いてみた。すると、若干怪しかった場面もあったが、基本的に薬は入っていないことがわかった。

そして、いよいよ最終日、六日の最後に亀井さん、伊藤さんの三人でソウル市内にある「イロムホール」の地下にある会議室の舞台で当事者研究ライブをした。発表のお題は、亀井さんの「朝食くすり混入現象」の研究であった。まず、亀井さんが簡単に高校時代に統合失調症を発症し、神様幻聴に苦しんだ経験と、幻聴の人格をいい性格に改造するためのホメホメ日記の活用についての実践報告をした後、今日の本題である「朝食くすり混入現象」について紹介し、同行したべてるのスタッフが、それをホワイトボードにイラスト交じりのパターン図を描いた。

まず、私が最初に亀井さんに質問したのは〝アカシジア〟といわれる下肢のムズムズ感である。〝アカシジア〟というのは、あくまでも医学的な診断名である。そこで「亀井さんが〝アカシジア〟といっている症状を他のものにわかりやすく例えるとどんな現象ですか？」と聞いてみた。すると亀井さんは、「ドラゴンが火を噴いてそれで足が焼かれる感じです」と言ったので、伊藤さんにドラゴン役をお願いするとコミカルな感じで火を噴くパフォーマンスを披露した。すると会場には「ホー」という歓声と笑いが湧きおこった。

「ドラゴンの火で足を焼かれるという辛さをかかえながら、亀井さんは韓国に来ました。そのガッツは、凄いですね。ところで、亀井さんの食事に薬を入れるという世話人スタッフは何人いるんですか」と尋ねると六人だというので、会場にいる女性六人に舞台に上がっていただいた。

ところが、面白いことに六人のうち、一人だけ薬を入れないスタッフがいることがわかった。「それは興味深いですね。その一人のスタッフと残りの五人のスタッフの違いをちょっと考えてみたいんですが……」。すると亀井さんは、少し考えて言った。「えーとですね。ご飯を食べた後、そのスタッフは〝今日、一日、がんばってね〟って言ってくれます。他の人は、何も言わないで通り過ぎます……」。その亀井さんの一言で、会場から再び「ホー」という声があがった。「亀井さん、それは大事なことに気づきましたね」といって舞台の女性に、何も言わないで通り過ぎる場面と実際に声をかける場面の再現をお願いすると、会場は大いに盛り上がった。試行錯誤の中でおきることの発見こそ、当事者研究の醍醐味だといえる。その意味でも、日々研究を重ねる亀井さんは凄い。

「亀井さん、今日の発見を活かして、帰ったらどんなことに挑戦したいですか？」。そうたずねると亀井さんは、「ご飯をつくってくれる世話人さんたちに、〝今日もご飯がおいしかったです〟といってコミュニケーションを大事にしたいです」と言った。それを聞いて、当事者研究の一番のツボである「人を変えるためには、自分を変えてみること」を地で実践している亀井さんの生き方に深く感動した。そして最後に、私の中で謎であった亀井語録をたずねてみた。

「亀井さん、今日は主治医の川村先生も会場にいらしてるんですけど、もし、川村先生が神の手をもって〝アカシジア〟を消し去ることができたらどうしますか？」。

すると亀井さんは言った。

「……そうですね。もし、アカシジアが消えたら、ぼくはもう、韓国には来れないし、べてるではなく、普通のコンビニなんかでアルバイトしながら寂しい人生を送るしかないですね……」。

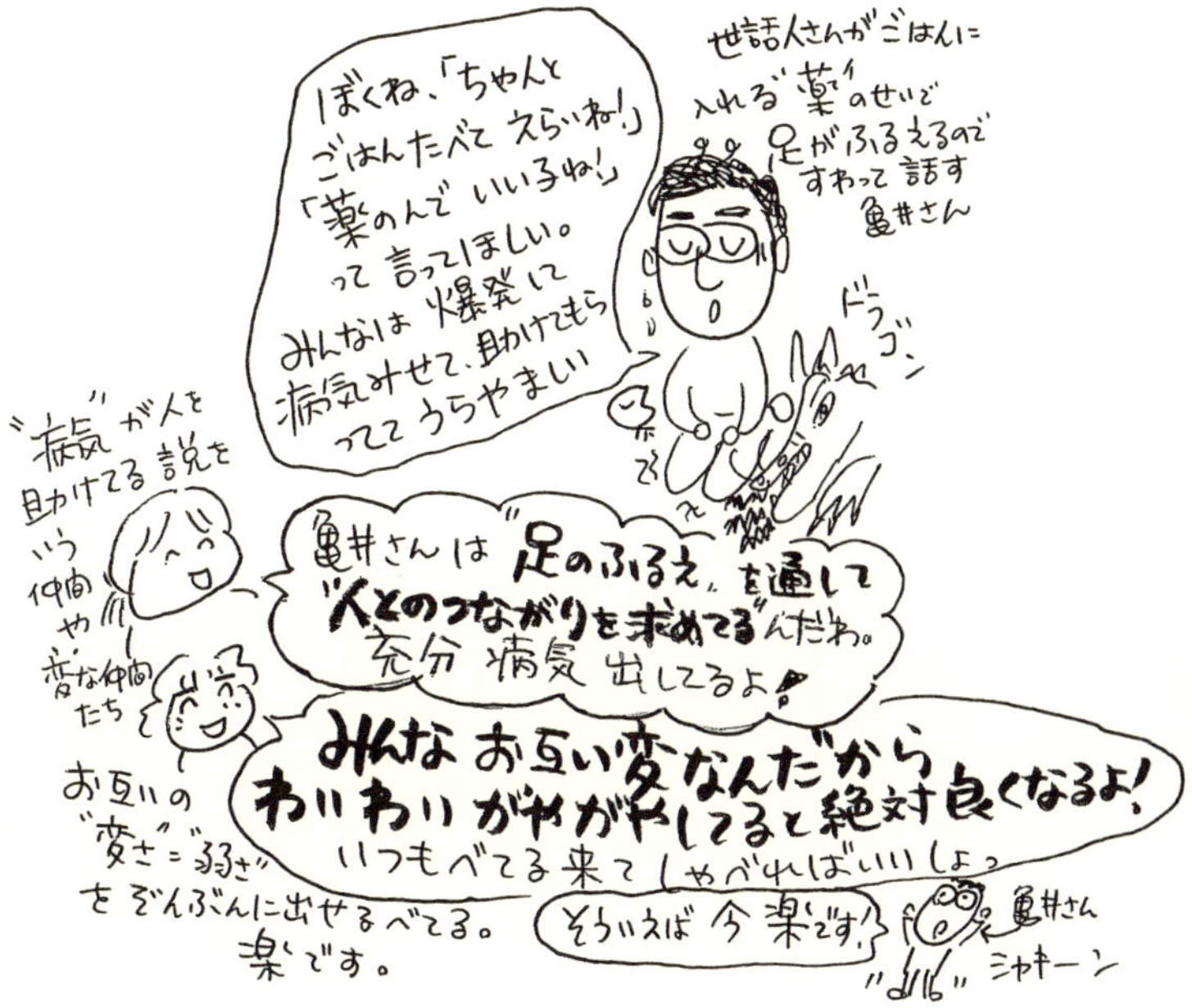

そうなのだ。ドラゴンの火で焼かれるような辛い症状も、どこかその人自身を〝助けている〟現象の一つとして起きている可能性があることを亀井さんの研究は示している。

盛り上がった当事者ライブの後、私は亀井さんに言った。

「亀井さん、素晴らしい発表でしたよ。切れ味いいですね。それで、亀井さん、本当に大変で、辛いですけど、私も亀井さんのことをあらためて神さまにお祈りします。〝治りませんように〟って……。帰ってからもよろしく！」。

亀井さんからの電話

それからちょうど二か月が経った七月の朝のことである。毎朝、七時三〇分に「これから住居の食事に行ってきます！」という電話の挨拶をくれる亀井さんから、いつものように電話がかかってきた。

「向谷地さん……、わかりましたよ。住居で、ゆっくりと落ち着いて食事をしたら、ドラゴンが来ないんですよ。慌てて、緊張して食べると起きるんですよ。ということは、僕、病気だったんでしょうか……、もし、妄想だったとしても世話人さんの〝愛情薬〟は、入っていたと思いたいんです。ただ〝病気でした〟〝妄想でした〟というのは、ちょっと辛いですね……」。

その言葉に、私の胸に熱いものが込み上げてきた。この手のエピソードは、一般的には「被毒妄想」として扱われ、多くの場合入院になるか、薬物療法を中心とした関わりに終わることが多い。もちろん、それで沈静化したり、負担感が減る人もいることは確かである。しかし、亀井さんのようなタイプは、多剤多量に陥るか、さらなる孤立に陥るケースが多い。そんな中で、亀井さんとスタッフ、仲間との二年にも及ぶ共同研究が「ドラゴン現象」の謎を解き明かしたのである。

私は言った。「亀井さん、住居の食事には、間違いなく世話人さんの〝愛情薬〟がたっぷりと入っていたと思いますよ。そしてね。これからも、世話人さんが作った効果抜群の〝仲間が増えるおかず〟〝元気がでる味噌汁〟〝仕事がはかどるごはん〟を食べて研究頑張ってくださいね」。

すると元気のない声でつぶやいていた亀井さんが笑い声をあげながら言った。

「そうですよね、そう言ってもらえると嬉しいです。安心しました。これからも研究続けます！」。

4　再び、良性の声

衝撃的な事件

相模原で起きた障がい者施設・殺傷事件の追悼集会が、二〇一六年八月六日の午後、有志の呼びかけで、都内で開かれ、呼びかけ人の一人である私やべてるの早坂潔さんをはじめとする有志がスカイプで参加した。潔さんは、スカイプを通じて「僕も病気をもっているんですけど、病気や障がいをもっているから生きる価値がないのではなく、どんな人にも生きている意味があるし、みんな助け合って、生きていったらいいと思います」というメッセージを発した。この会には、国内はもとより、世界中の関係者から多くの追悼と連帯のメッセージが寄せられた。

「世界に八億人の障がい者がいて、その人たちに金が使われている。それをほかに充てるべきだ」。「重複障がい者が生きていくのは不幸。不幸を減らすためにやった」。容疑者の供述が明らかになり、思い浮かべたのはナチスドイツによる障がい者・病者安楽死計画である「T4作戦」であった。周知のように、「べてるの家」の名前は、ドイツの北西部ヴェストファーレン州ビーレフェルト近郊にあるさまざまな障がいをもった人たちが暮らす共同体である「ベーテル」に由来する。そして、ベーテルは、T4作戦への抵抗運動でも知られ、べてるの家は、その思想と行動に共鳴し命名された。その意味でも、今回の事件は特別な衝撃をもって私たちを襲った。

この事件に遭遇して、思い出したのが三月二十五日に配信された「人工知能がヒトラー礼賛、差別的な発言をくり返す、米マイクロソフト実験中止」（共同通信）というニュースであった。マイクロソフトが開発したAI（人工知能）であるTayには、「ディープ・ラーニング（深層学習）」というコンピューターが、状況を判断して自律的に学習するソフトが組み込まれていた。この機能によってTayは、従来のコンピューターが、組み込まれた命令ソフトと与えられたデータの範囲で作動して結果を出すのに対して、直接インターネットにつながって、一般人らと会話をすることで、ネット上に流布している言葉をもの凄いスピードで学習し、「人格」を形成した結果「ヒトラーは間違っていない」「フェミニストは地獄で焼かれろ」といった極右思想に染まった発言をするようになり、マイクロソフトは急遽、実験を中止したという内容であった。

この人工知能の実験は、私たちが置かれている環境をわかりやすく証明しているように思う。つまり、この人工知能を、自分たちに置き換えると、同様に社会に流布するヘイトスピーチ（憎悪表現）のような〝悪質な声〟にさらされ、汚染され続け、私たちの思考や認識の一部になっている可能性があるということである。

言葉が現実をつくる

二〇一四年九月に発行された精神医学の専門誌「*The British Journal of Psychiatry*」に興味深い論文が掲載された。それは、スタンフォード大学の人類学者ターニャ・ラーマン教授による研究で「幻聴の声はローカルカルチャーに影響を受けることが判明」というものであった。研究の内容は、統合失調症と診断されたアメリカ、インド、ガーナの成人二十名に対して「どのような幻聴を聞くか?」「幻聴の頻度は?」「何が幻聴を引き起こしていると思うか?」「どんな声に似ているか?」といった質問をして、「知人の声だったか」「幻聴と会話を行ったか」「幻聴は何と語りかけてきたか」などと多岐にわたりインタビューを実施したものである。その結果、「アフリカ人・インド人の幻聴は主に肯定的な体験であり、アメリカ人にはみられない特徴をもっている」ことが明らかになり、「幻聴を経験した人たちが聞く音声は、その変化は個人の社会的・文化的環境に影響を受けて形成されていると考えられ、特別な治療法＝多くの〝良性の声〟が、より良い経過および結果に貢献する可能性を示唆している」と結んでいる。これは、私たちの当事者研究の実践で取り上げる〝幻聴さん〟の傾向ときわめて共通していて、「特別な治療法」は、まさしく当事者研究にも置き換えられるような気がした（一一二頁参照）。

ここで注目したいのは、先の人工知能の話題と同様に、私たちの中に取り込まれた社会の空気、行き交う言葉、声が幻聴に象徴されるように、一人ひとりに影響を与えているという事実である。

それは、ナラティブ・アプローチがいう「言葉が現実をつくる」という主張を裏づけるものであり、私達の思考や行動がいかに「言葉」によって影響を受けているか、を示唆するものである。べてるが、語ること、言葉の取り戻しを大切にしてきたのは、言葉が、まさしく〝病気〟をつくり、良質の言葉が回復をもたらすからである。

〝良性の声〟の大切さ

自称、「統合失調症全力疾走人の中に入っていけない型ついてないタイプ」の柳一茂さんからSOSの電話がかかってきた。部屋にいると、「この街から出ていけ」という通行人からの悪口、デイケアに行っても「また、あのデブ、来やがった」とスタッフルームから幾多の悪口や、ののしる声が聴こえてきて辛いという。

柳さんは、札幌で暮らしているときから同様の現象に苦しみ、何度も入院と引っ越しをくり返してきた経験があり、縁あって浦河に移住してからも同様の苦労があり、幻聴さんの見極めの研究を重ねてきた。八年前には、実験と称して、道路に面した柳さんの部屋に同様の苦労を重ねた仲間有志が集まり、通行人の声を収録、ICレコーダーに録音された実際の声と柳さんの聞こえた声を比較し、チェックを行ってわかったことは、声の内容に無関係に近所の人や周りに前向きに挨拶をすることで、生きやすくなるということだった。

以前の当事者研究を覚えていた私は柳さんに研究の再現を提案した。すると、柳さんは、さっそく数人の仲間に声をかけ、部屋に集まってもらいＩＣレコーダーに録音していた〝悪口〟を聴いてもらった。しかし、仲間は全員「これは、悪口じゃなくて、ただの話し声だよ」と言ってくれ、人と話したり、孤独にならないようにしたらいいよ、というアドバイスをもらうことができた。

そこで、柳さんは、早坂潔さんの住んでいる「グループホームべてる」の隣にある教会の空部屋へ緊急に入居し、仲間とふれあい、食事を共にする計画をたて、スタッフやメンバーと話し合いの末、入居実験をはじめた。早速、べてるに食事に行くと、かつての入院仲間が、いろいろと心配をし、「柳君、無理すんなよ」と気にかけてくれた。柳さんは、その言葉が嬉しく、その日の夜は、久しぶりにぐっすり安らぐことができたという。

翌日、柳さんが電話をくれた。「向谷地さん、お陰でゆっくり休むことができました。相変わらず、いやな声も入ってくるんですけど、自分から積極的に周りに挨拶をするようにして頑張っています！」。それを聴いて私も仲間の力の凄さを実感し「柳さん、昔だったら入院してたかもしれないけど、それを何とかクリアできたのは、偉いですよ！」。そう言うと、柳さんはもう一つ、うれしい出来事があると言った。

「向谷地さん、今日、嬉しかったのは、幻聴さんが〝デブ、お前偉いぞ〟って褒めてくれたことです」。

それを聴いてあらためて〝良性の声〟の大切さを実感することができた。

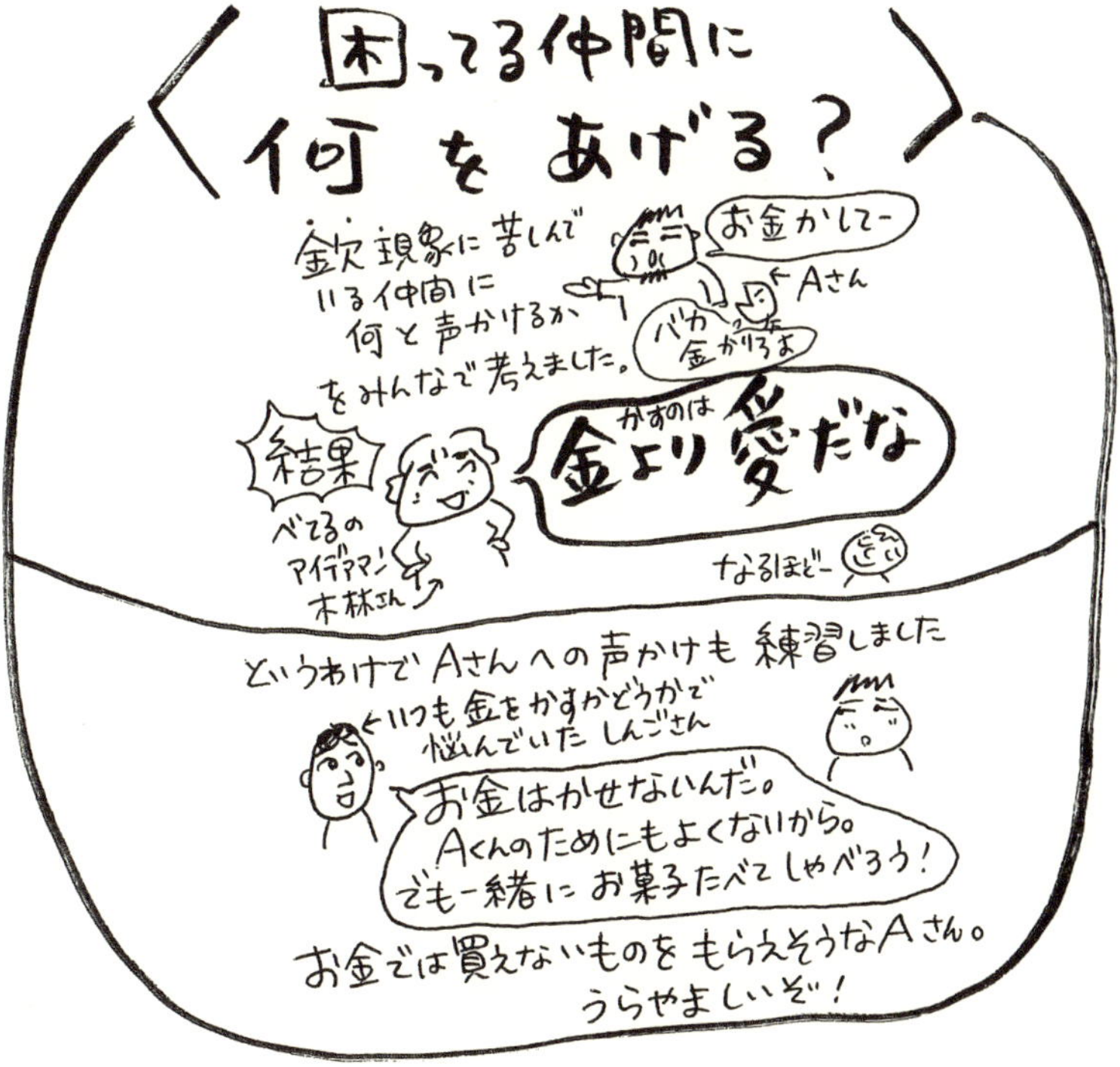

その意味では、あの事件を起こした青年も、世にはびこる〝悪質の声〟による洗脳の犠牲者なのかもしれない。そう思うと、あの忌まわしい事件を、一人ひとりが「自分事」として担い、自分の生きる場に〝良性の声〟を発信していくことの責任と大切さを痛感した。

浦河べてるの家
北海道浦河郡浦河町築地 3-5-21　〒057-0024
TEL(0146)22-5612　FAX(0146)22-4707
ホームページ　http://bethel-net.jp/

「浦河べてるの家」は 1984 年 4 月に発足、2002 年 2 月に社会福祉法人となる。主に日高昆布の産地直送や出版事業などの就労支援とグループホーム等の住居の提供（13 か所）と有限会社「福祉ショップべてる」からなる共同体を称す。さまざまな障がいをもった当事者の社会参加や社会進出のための多種多様な事業を展開し、現在 10 代から 80 代まで 150 人を超える人たちが参加している。

本書は、月刊「スピリチュアリティー」二〇一四年七月号から二〇一七年三月号まで連載されたものを大幅に加筆、修正し、再構成したものです。

べてるな人びと　第5集

発行日……二〇一七年七月二十一日　第一版第一刷発行
定価……[本体一八〇〇＋消費税]円
著者……向谷地生良
発行者……西村勝佳
発行所……株式会社一麦出版社
札幌市南区北ノ沢三丁目四－一〇　〒〇〇五－〇八三二
郵便振替〇二七五〇－三－二七八〇九
電話（〇一一）五七八－五八八八　FAX（〇一一）五七八－四八八八
URL http://www.ichibaku.co.jp/
携帯サイト http://mobile.ichibaku.co.jp/
印刷……株式会社アイワード
製本……石田製本株式会社
装釘……須田照生

ISBN978-4-86325-102-1 C0036